RUTAS ANCESTRALES
de seda y arena

ASTRID COLOMINE

RUTAS
ANCESTRALES
de seda y arena

© Obra: RUTAS ANCESTRALES de seda y arena

Primera edición: Mayo, 2024

© Autor: ASTRID COLOMINE

ISBN: 978-84-10040-49-6
Depósito Legal: M-11325-2024

Maquetación y diseño: Jesús Navarro Bravo

© Editado por LIBER FACTORY www.liberfactory.com

Gestión, promoción y distribución: Grupo Editor Vision Net S.L.
C./ San Ildefonso 17, local, 28012 Madrid. España.
Tlf: 0034 91 3117696 // Email: pedidos@visionnet.es
www.visionnet-libros.com

Disponible en librerías físicas y online.

*A todos los seres de luz que iluminaron mi camino y
me hicieron mejor persona en mis momentos más álgidos
porque con sus enseñanzas cambiaron mi vida.*

*A los que me amaron y amé, no importa
cuánto, dónde ni cuándo.*

A Betigûl, mi hermana, mi otro corazón.

*A mí misma, por aprender a quererme, respetarme,
valorarme y aceptarme tal cual soy.*

INTRODUCCIÓN

Siempre quise incursionar en el arte de la escritura en prosa y plasmar ese cúmulo de sensaciones y experiencias vividas en mis viajes alrededor de Asia y África, pues marcaron un hito muy importante en mi vida, entre el antes y el después de mi matrimonio, que me permitió iniciar una nueva forma de existir y de sentir.

He viajado por 36 países incluyendo los de América y Europa, pero decidí remitirme sólo a los anteriores, ya que han sido los destinos más significativos en mi vida, como parte esencial de un profundo aprendizaje.

Por muchos años he escrito artículos científicos y poesía, pero muy dentro de mí, me preguntaba cómo sería escribir un libro de otra manera, saliendo de mi zona de confort entre versos y tecnología, tratando de plasmar esta parte de mi vida, no como una simple guía de viajes, sino de vivencias que pudieran ayudar a otras personas, sin el ánimo de parecer ambiciosa.

Hay eventos que nos cambian la vida, pero en total, es una conjunción de factores los que nos impulsa a dar ese gran paso de transformación, y agregaría que casi siempre, se produce cuando enfrentamos una situación crítica. Al principio nos gana el miedo, pero poco a poco, al calmarnos, vemos otra tonalidad que no éramos capaces de percibir, por la relevancia que le damos a las emociones negativas, en donde actuamos como autómatas de estímulo-respuesta. A primera vista, dichos sucesos nos parecen terribles, y nos preguntamos, ¿porqué a mí? sin pensar que a muchos les ha pasado igual o peor, ya que sólo cavilamos y nos centramos en nosotros mismos. No todo lo que sucede tiene que tener un porqué, pero sí es cierto, que genera un aprendizaje, cuyo provecho va a depender, de que cada uno lo quiera aceptar o no, para su provecho.

Desde niña fui muy curiosa y me encantó la aventura. A mis 15 años, mi padre me dio a escoger como regalo entre una fiesta y un viaje al exterior. Sin titubear escogí el segundo, lo que marcó el debut de mis andanzas por este mundo de Dios. Esta atracción a la investigación y al descubrimiento, se repotenció años después, con mis estudios de pre y post grado, tan ligados a las Ciencias de la Tierra.

A raíz de mi divorcio, una vida nueva se abrió ante mí, y quise aprovecharla al máximo, no sólo viajando físicamente, sino haciendo mi propio camino, a medida que sanaba mi mundo interior. Tuve la apertura para conocer otras tierras, sin preocuparme ni por un instante, de las diferencias culturales e idiomáticas. Fui precavida pero sin anteponer el miedo ante los posibles riesgos. Aprendí a valorar lo diferente, a complementarme en vez de antagonizar, a aceptar con pasión lo que nos trae cada día, disfrutando las cosas buenas por más pequeñas que parecieran e incluyendo con mayor estima, a las desagradables, en pro de mi enseñanza. Hice muchos amigos, no desde la apariencia externa, o de quienes eran, o lo que poseían, sino desde muy adentro, siempre desde el corazón.

Estas travesías me permitieron afianzarme de manera inseparable al arte y a la belleza, en un fino hilado de puntadas precisas, despertando ante las cosas simples, como el sencillo acto de escoger la taza donde beberé mi café, en consonancia con el material noble con la cual fue moldeada —que para mi gusto, es el gres el más noble—, por sentir el tipo de energía con la que fue trabajada, por palpar el color y el diseño con que fue soñada, por disfrutar de cómo la sirvo... eso se extiende a todo lo que me rodea, para ir siempre al encuentro con lo hermoso, donde quizás otros son incapaces de captarlo o valorarlo. Eso me reafirmó mi deseo de estar presente, pero no de cualquier manera, sino con atención, con tolerancia, sin creerme inferior o superior a nadie, y sirviendo a los demás, no por obligación, sino por decisión propia.

Desde mi forma de ver las cosas, las diferencias son precisamente las que hacen al mundo fabuloso. Cada uno de nosotros es único, pero muchos prefieren actuar superficialmente y de manera similar, y uniforme, sin importar el color de la piel o religión, si se es rico o pobre, poderoso o no. Todos morimos y no nos llevamos nada. Y el planeta es tan fantásticamente diverso, que no nos bastaría una vida para conocerlo, ni para descubrir y asimilar tantas cosas interesantes. La oportunidad de experimentar esa sensación de gozo causada por estar en lugares con sobrada historia, y ver en vivo y directo su parte artística y cultural, de lo que una vez contemplamos sólo en ilustraciones, u oyendo las historias de otros, es invalorable y sacro.

La vida es aquí y ahora, y de nada nos vale ver atrás o proyectarnos hacia un futuro incierto. Podemos hacer la diferencia comenzando por cambiar lo que nos desagrada de nosotros mismos y no, tratando infructuosamente, de modificar a los demás. Toda variación implica un trabajo arduo, y en la mayoría de las veces, nada agradable. Por eso es que preferimos seguir tal como estamos, aunque no seamos felices, en un estado pasivo e inerte que consideramos "seguro", sin encontrar el valor de atrevernos a dejar las cosas conocidas de nuestra zona cómoda y cotidiana, y menos aún, el de abrirnos a las nuevas experiencias, porque tememos perder el control.

He comprobado que nuestra mejor compañía es el estar con nosotros mismos y eso es lo que a veces, nos cuesta procesar, pues nos han hecho creer, que sin la "otra mitad" no somos nada. Para ello hay que comenzar por descubrir quiénes somos, y sólo cuando tengamos la capacidad de recogemos interiormente, sucede. Un viaje puede ser esa herramienta ideal, siempre y cuando nos permitamos SER antes que parecer, soltarnos a la incertidumbre, fluir con los sucesos que se presentan, confiar y agradecer. Siempre se ha dicho que querer es poder y para ello, hay que necesariamente arriesgarse.

A mis 38 años, mi vida se fue a pique abruptamente, producto de una separación no deseada después de 10 años de convivencia. Me encontré con el corazón quebrado, encallada por completo. Pensé que así permanecería eternamente, hasta que tomé conciencia de mi realidad y comencé a aceptar. Este punto de inflexión, me hizo decidir a saltar a ese vacío incierto que tanto había evitado, con la firme decisión de hacer un viaje a otro continente desconocido, lejano, para poner mar de por medio y comenzar una nueva vida...

Dejaba atrás ese sabor del salitre, medio amargoso, que me corroía lentamente. A partir de este duro proceso metamórfico, resurgí con todas mis fuerzas, queriendo ser yo, y no la sombra o el complemento de alguien.

Fue un reto que me planteé para demostrarme que sí podía continuar mi camino, acompañada sólo conmigo misma y de mi intuición venida de lo alto. Me fui a la ostentosa Europa, para buscar la paz en mi parte mineral y humana. Decidí entonces, estudiar a las gemas, tanto como a mí misma.

ESPAÑA
(1995-1997)

Llegué en un noviembre de 1995, comenzando el invierno, a una región de España, llamada Alicante, igual que el tipo de turrones que tanto me gustaban. Estaba en un país que conocía a través de la historia cruel de sus conquistas, acaecidas hacía apenas 500 años y que aún conserva, sus ínfulas de "sangre azul", heredada según ellos, por gracia divina. Esto se contraponía a las memorias de nuestros nativos de América, quienes ya la habían poblado hacía 40 mil años antes. Vienen a mi mente las sabias palabras de Galeano: "ellos tenían la Biblia y nosotros las tierras, y nos dijeron: cierren los ojos y recen. Cuando abrimos los ojos, ellos tenían la tierra y nosotros la Biblia", hecho que quedó comprobado después de que los europeos, según registros del Archivo de Indias, "solamente entre 1503 y 1660 llegaron a Cádiz, España, 185 mil

Kgrs de oro y 16 millones de Kgrs de plata, provenientes de América". Esa condición deshumanizada de los europeos, les permitió asumir de inmediato, que los aborígenes eran menos que animales de carga y seres carentes de alma.

Además, a fin de cuentas, a pesar de su supuesta supremacía, los adelantos en ciencias y tecnología, se los adeudaban por completo a los pueblos árabes, que les compartieron generosamente, sus conocimientos sobre álgebra, medicina, astronomía, modales e higiene.

Con estupor, leí sobre la historia de los primeros "zoológicos humanos", ideados por el retorcido pensamiento de un tal Carl Hagenbeck. Su instauración data de los siglos XVIII y XIX, aunque ya el Cardenal Hipólito Medecis, en el siglo XVII, se adelantó en perfidia, con su propia colección de personas para su servicio. Bélgica, Alemania, Inglaterra, Francia y España se dieron el tupé de mostrar a aborígenes australianos, africanos, esquimales y suramericanos, como bestias inferiores y exóticas.

Con esta ruda sensación aportada por nuestro pasado, me encaminé hacia España. Iba con dos maletas, poco dinero y una matrícula por dos años de estudios, rumbo a lo desconocido. Me sentí tan foránea, tan desarraigada de mi tierra, que sólo caminando a orillas del Mediterráneo, lograba apaciguar la añoranza de los turquiazules de mi añorado Mar Caribe, que dejé atrás con tanta pena…extrañaba el crisol de mi gente y su risa amplia, el dulzor del mango, de la mazorca, del agua de coco, del plátano, la camaradería entre amigos, sin preámbulos ni etiquetas.

Me fui adaptando lentamente, a un estilo de vida diferente, pero cultivando a la par, esa parte espiritual que traía desde Venezuela, y que quería continuar: la práctica del Zen, la cual se reafirmó en mí, después de participar en un emotivo ritual funerario, hecho para el descanso de mi padre, años después. Su pérdida, por mucho tiempo la había traducido como impotencia y rabia, acompañada por un sentimiento de total abandono, ya que él era el último eslabón en mi reducida familia. Con ese cierre budista, pude al fin encontrar la serenidad que tanto ansiaba.

Mi odisea comenzó al llegar a la residencia universitaria, y cerrar la puerta de mi habitación. Entré en pánico y me dije: ¿qué c… hago yo aquí? Y esa primera noche, la más larga de mi vida, pasó acompañada de mis interminables sollozos hasta el amanecer.

Los únicos extranjeros en la Especialidad de Gemología éramos un francés y yo. Comencé por tratar de descifrar el lenguaje español que empleaban, porque a pesar que hablábamos el mismo idioma, a veces no nos entendíamos. Fui poco a poco adaptándome a sus costumbres, a su vestuario de grises, marrones y negros, que me hacían recordar a los zamuros y a los funerales, a su alto tono de voz, que daba la sensación de estar siempre contrariados y a esa oscuridad prematura, en las horas tan tempranas de la tarde. Aprendí a hacer valer a mi país y nacionalidad, tanto como la de ellos, a pesar de enfrentar situaciones incómodas, como la bienvenida que recibimos por parte del Vice-Rector para ese entonces, con un comentario soez, de manera pública y sin ningún empache, donde expresaba "que no había que darles más becas a los sudacas", como si mereciéramos su desprecio, por ser latinos e hispanos, al igual que ellos. Comenzaron las protestas, por lo que tuvo que retractarse y disculparse ante todos, no por el peso de su nula "consciencia", sino por las presiones y el rechazo ante sus palabras. A raíz de esto, el envalentonado encargado de inscripción, —quien desconocía además, que no todos teníamos becas—, se atrevió a decirme en pleno comedor, con un tono burlesco: ¿que tal si te digo sudaca? y yo, le respondí desde mis vísceras: ¿y que tal si te digo español de mierda? Allí comenzó la trifulca y quedó zanjado el tema. Eso me motivó a dedicarme con toda pasión a mis estudios, y logré ser la primera de la clase, con mención honorífica, una menuda chica latinoamericana, para calamidad de todos, en un grupo de 11 hombres y tres mujeres, incluyéndome... Mi única compañera, Mary Paz —ya que Elda, se retiró muy pronto—, obtuvo el segundo lugar, golpe mortal para los "re machos" al verse desplazados por nosotras, las que según palabras célebres de uno de ellos, —a quien apodábamos el turronero, por lo tosco—, "sólo servíamos para sirvientas y para follarnos". Pobre madre la de este patán, pensaba yo, para mis adentros...

Tuve que mudarme a un pequeño apartamento que alquilaba una avariciosa mujer, porque era lo único que estaba al alcance de mi bolsillo. Era compartido con un chico de Guinea Ecuatorial. Llegué al edificio al anochecer y como desconocía que cada rellano tenía una luz que al pulsarla se accionaba unos minutos, tuve que dejar el pesado equipaje en planta baja y llegar casi a gatas, al cuarto piso. Me abrió un joven con piel de ébano, en donde sólo resaltaba, la blancura impecable de sus dientes. No contábamos con calefacción, lavadora, ni nevera, sólo una cocina de dos hornillas, un sofá destartalado y un cerro de cobijas, que no servían de mucho. Al mes, un ser de luz llegó a mi puerta, la señora Angelita, vecina de planta baja, que al ver mis limitaciones tropicales, decidió prestarme una lámpara de calor, la cual no dudé ni por un segundo, en meterla debajo de mis mantas y que sólo Dios evitó que me achicharrara. Era tanto frío... y para colmo, había que lavar a mano, las cuales terminaban dolorosamente enrojecidas y despellejadas.

Al principio del curso, el más cercano de mis compañeros de clase, fue Jean Pierre y Elda, que después del primer trimestre se retiró. Era un francés pequeño y hablador, con un ego elevado a la n potencia. A veces estudiábamos juntos y comenzó a cortejarme. Me invitó a su casa para que conociera a su niña. Salió a recibirnos, una hermosa chica, muy joven, que creí era la nana de su hija, y que en realidad, era su mujer, traída por él desde la Isla Reunión, que era un protectorado francés, como si la ella fuera un objeto sin voz ni decisión. Él la ignoraba de manera campante, a pesar de ser suave y gentil. La trataba como a una empleada, cuyo único mérito fue el de haber concebido a su bello vástago. Ese día, Jean Pierre me dijo que era piloto de avión y médico, por lo que pasaba gran parte de su tiempo haciendo sus negocios en esa isla. De hecho, su objetivo al invitarme a su casa, sin lugar a dudas, fue el de impresionarme. Ese día almorzamos en una mesa espectacular, hecha con varios troncos huecos fosilizados, en cuyo interior había un suntuoso crecimiento de cristales de amatista muy bien formados que me recordaron a las geodas. Estaban unidos en una sola pieza, por un recubrimiento de pulida resina, que le daba un aspecto muy original. Era una pieza única, que en otro lugar le hubiera costado una fortuna. Ostentaba otros objetos, como una lámpara antigua china, no recuerdo de qué dinastía, forrada con pátinas de oro. Las piezas artísticas, eran en verdad admirables, y había que quitarse el sombrero, pero otra cosa era, su poseedor como persona, al mostrarse por primera vez tal cual era, en el trato despótico con su compañera de vida y su acentuada insistencia en mostrar sus títulos, y bienes. Como ese tipo de cosas nunca me han quitado el sueño, pasaron a un segundo plano y él se quebró ante mis ojos. Soy amante de lo hermoso, en todas sus expresiones, pero nunca ambiciosa, por lo que logró un efecto contraproducente. A partir de ese momento, me fui alejando de él, cosa que no aceptó fácilmente. Terminó convirtiéndose en mi enemigo declarado y rival acérrimo en los estudios. Se involucró en un robo de fichas de gemas que servían como guías para nuestras prácticas de reconocimiento, y lo descubrieron. El último recuerdo que tengo de él, fue en el campus universitario, cuando se enteró de mis notas. Se enfureció y despotricó en francés, hasta quedarse ronco, mientras que otro compañero que caminaba junto a mí, me traducía sus arrabaleros insultos.

Elda me invitó a conocer su casa para que le prestara mis apuntes y estudiáramos. Era una casa antigua de campo, muy elegante, tipo masía y con servidumbre, llena de olivares y criadero de pavos reales, donde se hacía aceite de oliva. Su padre, un hombre mayor muy mal genioso, que le gustaba cargar una escopeta de caza, odiaba a las aves y cuando podía les disparaba, pues según él, acababan con todo. En el centro de la sala, había una especie de florero gigante, atiborrado de sus vistosas plumas. Cuando me iba, me regaló un puñado de ellas, que todavía conservo, las cuales pude recolectar de las que cayeron al piso, producto de su muda.

Mi segundo año, lo compartí con una anciana viuda, que vivía sola, y cuyo único hijo estaba residenciado en Francia, con su nueva familia. Este convenio se logró a través de un programa de acompañamiento, que ofrecía la misma Universidad. Era un apartamento bonito, cómodo y ventilado, donde venía una muchacha a hacer todos los quehaceres diarios. La Institución aportaba, además del estudiante de compañía, dinero para los gastos de luz y agua, y una beca en el comedor universitario, para mis almuerzos. Fueron tiempos difíciles, pues a la señora no le agradaba que me duchara diariamente, y pretendía que me ciñera a su austero ritual, de usar la bañera con dos dedos de agua, una vez por semana, como los gatos. Como era de suponer, no claudiqué ni soñando, sino que me confabulé con Conchi, la agradable chavala que le servía, y que se convirtió en una amiga inseparable. Ella me avisaba, cuando ya se disponían a regresar de su religiosa visita al consultorio de su médico, que quedaba cerca, y llegaban caminando, todos los días de la semana. Allí se dedicaba a manifestarle sus variedad de dolencias imaginarias y obtener un medicamento más, para sumarlo a su gran colección, que guardaba celosamente sin destapar, por temor a los efectos secundarios. Acumulaba compulsivamente objetos desde hacía mucho, entre ellos, utensilios y aparatos de cocina, que tampoco utilizaba, por temor a que se dañaran o una colección de discos de música gitana que no me permitió escucharlos porque los odiaba... Lo cómico de todo, era que al parecer, ella creía que yo venía de una jungla de antropófagos enguayucados que " a pesar de haber sido domados y catequizados"no sabían usar un microondas o encender el termo a gas… Independientemente de todo, traté de hacer de tripas corazón para acompañarla y animarla, con ese profundo agradecimiento, de permitir esa convivencia, que de alguna manera, hacían menos duras nuestras soledades.

Desafortunadamente, mi querida Conchi, mi paño de lágrimas y cómplice de alegrías, se retiró un tiempo antes de mi regreso definitivo a mi Patria. A pesar de necesitar su trabajo, tuvo la dignidad necesaria de poner punto final a sus servicios, después de haber recibido una soberana cachetada por parte de la señora, en una de sus rabietas, debido a que no le pasó rápidamente su toalla. Gracias a Dios, Conchi vivía en el mismo edificio, y nos pudimos ver más a menudo, pues en la casa, era un lío cada vez que nos apoyábamos, ya que nuestra amistad no era bien vista.

A raíz de esto, decidí salir de esa casa, aprovechando todas las vacaciones que me daban, y me fui una semana santa para una antigua masía de más de un siglo, a dos horas de Alicante, en bus y con una mochila. Tuve una suerte increíble de acertar el día de la semana que pasaba por la carretera. Llegué con un tremendo palo de agua, empapada hasta los tuétanos. Había escogido el lugar en una agencia de viajes rurales y acerté a la perfección. Me abrió la puerta, la propia dueña, la Sra Dolores de Pucurull, que vivía en ese caserón, con su hijo Sergio, un tímido pelirrojo. En seguida nos conectamos, y me preguntó si venía sola. Yo le respondí: no, con mi Dios y conmigo misma. A partir de allí, nos hicimos amigas. Pude escoger mi habitación, ya que la única huésped en ese momento, era yo. La escogí con la vista más espectacular, un sembradío de amapolas escarlatas que alegraban la vista a cualquiera. Allí me sentí al menos Marquesa, ya que mi cama era extra extra grande, con un escudo de armas tallado en el copete de la misma. Era un sitio muy especial, con sembradíos de todo tipo, incluyendo los espárragos, que veía por primera vez, al igual que los piñones. Había un antiguo molino árabe de trigo, y unas tumbas fenicias en el terreno. Todos los días me iba a recorrer esos parajes, con la compañía de Linda, una querida perrita Pastor Alemán, que no se daba con nadie y cuya dueña se complació con su cambio repentino. Al llegar, la Sra Dolores me invitaba a su mesa y comíamos los tres como una familia, finalizando con un sabroso vino de consagrar y rosquillas. A pesar de contar con una cocina y una nevera a kerosén muy curiosas, nunca tuve que hacer de comer, pues ambas disfrutábamos de la compañía propinada, de manera inesperada, asumiéndola como un regalo. Al finalizar mi estadía, me propuso que me quedara sin pago alguno, unos días más, pero desafortunadamente no pude acceder, porque ya comenzaban mis clases.

En ese tiempo, hice otra gran amiga, Carmen, con quien viví los momentos más divertidos de mi estancia. Me la presentó la que fue una de mis compañeras de baile de salsa que impartían en la Universidad. Una tarde, al caminar por sus jardines, fui atraída imperiosamente, por el sonido pegajoso de la música latina. Entré a investigar qué sucedía en ese lugar y vi a varias parejas, con los consabidos pasitos 1-2-3, dirigidos pacientemente por un profesor. Al reconocerme como nueva, me invitó a bailar con él, y mis pies se convirtieron en alas, mientras mi cintura se movía cadenciosa, sintiendo las notas, hasta en mi médula. Mi sangre latina se impuso, y sin darme cuenta, éramos el centro de la atención. Allí comenzaron a preguntarme de dónde era y a decirme: ¡ah, con razón! y me pidieron que les enseñara algo de lo que llevaba en mis genes y que era parte de mí … de hecho, no volví a las clases, pero quedé en contacto con algunos de ellos.

Carmen era una mezcla perfecta entre profesora de piano y bailarina del Crazy Horse parisino. Desinhibida, elegante, bella y cortante con los extraños, a quienes no aceptaba que se dirigieran a ella ni por equivocación, los ignoraba de plano y sin remordimiento ninguno. Fue mi compañera nocturna de "marcha", restaurantes, conciertos y excursiones. Me ayudó a mudarme, trasladando mis pertenencias, en su diminuto coche Twingo; me llevó a conocer a Altea, un bello lugar de playa que parecía foto de postal; fui su chaperona en Huelva, pernoctando una semana inolvidable, en el barco hogar con uno de sus enamorados, donde tomabamos sol en cubierta, con un minúsculo traje de baño, ante la vista curiosa de medio pueblo, que elucubraba sobre esa extraña relación, de esas dos atrevidas mujeres con Luis, un serio y reconocido profesor universitario... Nos divertíamos de lo lindo ante su cara de catedrático desagradado por la atención inoportuna que nos brindaban los del pueblo, además de que el pobre, no se comió ni una rosca con ninguna de nosotras, a pesar de todas las bromas tentadoras que le jugamos.

En otra ocasión, paseando cerca de la playa de San Juan, vimos un sitio donde se jugaba billar y se daría como atracción especial, la presentación gratuita de un streper. Yo nunca había ido a uno, y en verdad, sentí interés en verlo. Pero como dice el dicho: "la curiosidad mató al gato", todo se enredó. Nos sentamos en primera fila, junto con tres viejitas que juntas sumarían unos 250 años. Salió un musculoso chico, con una ajustada braga amarilla de bombero, con cierre delantero, contoneándose sugestivamente y agarrando a horcajadas, a quien se le atravesara en su camino siguiéndole el juego. Las ancianas, al parecer muy acostumbradas a ese tipo de espectáculos, comenzaron a gritar desaforadas. A todas éstas, decidí alejarme de la tarima disimuladamente y me paré cerca de un pilar. Sin duda alguna, produje el efecto contrario, y el prospecto de nudista se motivó en grande con mi huida. En vez de decidirse por alguna de las docenas de mujeres histéricas que querían brincarle encima para arrancarle la ropa, fue directo hacia mí como un felino que acorrala a su presa. Empecé a recular lentamente, a medida que se me acercaba, y ya sin tener para dónde agarrar, me miró de frente y me pidió que le bajara el bendito cierre. Fue tal mi sorpresa, que experimenté un ataque de pánico, a la par que me negaba rotundamente con un NO, NO, NOOOOO! avergonzada y roja como una granada, ante la acuiciosa mirada del público, que me aupaba a proceder ante su picaresca petición. El chico entendió mi angustia, y me besó las manos, pero cuando se iba a retirar, saltó Carmen en mi ayuda, y con una destreza increíble, lo dejó casi en cueros, con su diminuto taparrabo. Continuó su baile, con un gran abanico, que alcanzaba apenas, a taparle una parte de su descomunal atributo. Hubo un intermedio, y en ese receso, me le acerqué, a preguntarle si no le daba vergüenza hacer ese acto tan atrevido, no porque fuera ninguna mojigata, sino porque no entendía, como un ser podía desinhibirse así, sin el menor empacho, ante esa muchedumbre femenina exaltada. Esa escena que me figuraba que podía ser artística y sensual, terminó siendo un bodrio de mal gusto. Al oír mi discurso, Carmen medio molesta por increpar a un "trabajador", decidió que ya era hora de marcharnos y desaparecimos rápidamente.

Debo decir que regresé en parte, con una imagen diferente a la que me había hecho de ese país. Agradecí mi estadía como el instrumento que me permitió atreverme a dar ese gran salto, desprenderme de todo lo que me mantenía detenida y me impedía crecer. Conocí personas maravillosas que me ayudaron sólo por el deseo de que me sintiera a gusto, con respeto y amor. Entendí que no se puede generalizar y meter a todos en un mismo saco, ni cargar con prejuicios que nos nublan el entendimiento y la oportunidad de darnos. En España compartí con Carmen, Mary Paz y Conchi, con mi ángel personal, como le llamaba cariñosamente al Prof Ordoñez, con doña Angelita, con el muy querido Dr Beviá Carbonell, mi médico at honorem, quien me pedía que le pagara simbólicamente su consulta, sólo con monedas de mis viajes, que ávidamente coleccionaba "porque no le cobraba a universitarios". Él me salvó dos veces: un dedo del pié, afectado por congelamiento y de una bronquitis aguda, ante mi inexperiencia con el invierno. Con él mantuve correspondencia hasta su fallecimiento. Y así tantos otros, que hicieron posible esos dos años de sanación física, moral y espiritual. Seguí practicando meditación zen asistiendo a retiros, pero también experimenté la vida nocturna en los llamados bares, tan generalizados entre los estudiantes, que se iban de parranda, de jueves a domingo a bailar y a tomar copas. Para ser sincera, era una diversión poco acorde con mis gustos, porque las salidas eran a partir de las 12 pm. A ese paso forzado de desveladas, hasta las 7 am del siguiente día, no pude acostumbrarme, ya que definitivamente, no tenía madera de noctámbula, y menos, cuatro días seguidos. Tampoco me cuadraba eso de bailar con personas del mismo sexo, pues los chicos no acostumbraban a pedirlo, a menos que ya te conocieran. De igual forma, me compensaban mucho las salidas al mar o a la montaña, que tanto me gustaban, los conciertos de música barroca en las catedrales y cuanta exposición de arte había. Pude ser yo misma, recuperar mi autoestima, conocer otras costumbres, entender y aceptar mis raíces. Tengo genes europeos y eso es innegable. Es parte de mi historia y de mis ancestros al igual que mi parte indígena. Fue necesario experimentarlo por mí misma y cerrar aunque haya sido a medias, esa parte de mi genealogía, ya que carecía de los datos necesarios, para corroborar el origen de mis bisabuelos. Desgraciadamente, sus documentos se traspapelaron con el tiempo y no pude hacer nada al respecto. Comencé a asimilar que nuestra historia además de estar teñida de lo que fue la crueldad innegable de la conquista, tenía un componente enriquecedor dado por el encuentro entre esas dos culturas y que cada parte actúa, de acuerdo al momento vivido. Sin pretender excusar u olvidar los acontecimientos sufridos, entendí que ya todo eso era pasado. Sólo quedaba aceptarlo, y perdonarlo por nuestro propia paz.

TURQUÍA
1er viaje (1996)

En medio de mi estadía en España, resolví ir en mis primeras vacaciones, a Turquía, sin tener una razón "lógica" para hacerlo. A pesar de los ruegos de mis amigas, que estaban horrorizadas con mi decisión, ya que la semana anterior hubo un atentado bomba, donde murieron varias personas allí, no cambié de opinión. Sólo recuerdo que miré el mapa mundi, y me fascinó ese cuadrícula coloreada como una singular huella de menta, mitad asiática y mitad europea, rodeado de un mar semi-cerrado, que como su nombre, me lo imaginaba muy negro. Era un imperioso deseo de ir y no iba a claudicar al llamado de mi corazón.

Para ese entonces, no dominaba el inglés y conocía muy poco sobre esa enigmática parte oriental. Sólo contaba con el contacto epistolar mantenido con el encargado del doyo de meditación zen en Bodrum,

Mustafa, un renombrado psiquiatra y excelente persona, pero que por causa del extravío de mi carta, no pudimos ponernos de acuerdo en lo que convenimos, a cerca del enlace que me guiaría desde el aeropuerto de **Estambul** a mis otros destinos internos. Así que me encontré allí, más sola que la una, sin hacerme entender, hasta que por un milagro, apareció un joven de Puerto Rico, primerizo en el arte de viajar, más asustado que yo, y que se acercó al reconocer mi acento latino. Se ofreció como intérprete y así supe, que quien iba a ser mi contacto orientador, no laboraba ese día… se me cayeron las alas del corazón, pero para mi fortuna, el puertorriqueño había perdido su vuelo y no pudo encontrarse con sus amigos, por el retraso de su avión. Él sólo contaba con un pequeño papel arrugado en su bolsillo, con la dirección de una posada. Como yo tampoco sabía a dónde llegar, y tenía la apertura para hacer cosas nuevas dirigida por mi intuición, decidimos alojarnos allá. A la mañana siguiente, nos desayunamos, mientras nos conocíamos un poco más. Salimos luego a caminar por el antiguo y majestuoso Estambul, para ver si teníamos la suerte de encontrar a sus compañeros, recorriendo maravillados, las calles sinuosas, repletas de imponentes palacios con sus harenes y mezquitas, que aparecían una tras otra, un como puñados de flores escondidas, rodeadas de llamativas tiendas, que se protegían con amuletos en forma de curiosos ojos, llamados nazares. Este colorido conjunto de impresiones visuales, nos hicieron revivir esa época pasada de opulencia, belleza y poder.

Efectivamente, esa misma tarde, coincidimos con ellos, al lado del Obelisco de Teodosio, en lo que fue el hipódromo de la antigua Constantinopla. Visitamos Las Cisternas, lo cual se convirtió en una experiencia mística, al comprender que entraba a un lugar sacro, de un magnetismo único. Caminamos sobre sus espejos de agua, rodeados por más de 300 columnas de mármol, esculpidas en una rica variedad de estilos, del tipo dórico, corintio y jónico, y dos de ellas, fragmentadas en gruesos bloques volcados, resaltando de manera exquisita, la impactante cabeza de Medusa, cuyo cabello era un nido de serpientes, y que como rezaba la leyenda, al mirala, me convirtió en piedra. No podía moverme ni dejar de admirarla…con ese primer impacto, quedé hechizada y sentí la necesidad de regresar de nuevo, una y otra vez a ella. Tuve entonces la suerte de coincidir para ese día, con un concierto de música sufí acompañando una giratoria danza de derviches, en un ambiente de quietud plena y de acústica perfecta. Allí percibí una inexplicable conexión con ese plano superior, que sólo en contadas ocasiones había logrado.

El mercado antiguo fue otra inolvidable experiencia. Allí me trasladé en el tiempo, hurgando entre los interesantes libros pretéritos, por el sólo placer de tenerlos entre mis manos, aunque no entendiera su escritura, pero en donde había algo más profundo, más sutil, que me hablaba a través de su fino papel grabado en pintura de oro. Seguí el movimiento translúcido de las marionetas de curtido cuero, el de sus tazas de té, flotando apresuradas en labradas bandejas, de una esquina a otra. Me envolvió el vuelo rasante de sus alfombras en seda, lana y algodón. Una llama encendida en una lámpara de aceite perfumado proyectó en ese momento, todos mis deseos al invocar al genio Aladino, mientras trataba de descifrar, cómo los perfumeros de marfil eran pintados con un sólo pelo de camello, de quienes fueron las manos divinas que esculpieron las pipas de espuma de mar, cómo se movían los antiguos relojes esféricos de cuarzo, que me mostraban impúdicos sus entrañas de cuerda, sin dejar de funcionar marcando las horas durante más de un siglo. Me convertí en adoradora fiel de su exquisita joyería otomana, donde nunca supe si era realmente de este mundo. La atmósfera me embriagó con ese aroma insistente y tentador, proveniente de una interminable variedad de dulces, especias y semillas, que se debatían en un paroxismo de color, texturas y sabores, aptos para complacer al paladar más exigente.

Los tres amigos de mi amigo que recién conocía, me invitaron a unirme a ellos, para visitar a **Capadoccia**. Aún hoy, puedo revivir esa experiencia, con toda la fuerza y el impacto de ese momento inicial, al encontrarme frente a un relieve orgásmico extraordinario, producto de innumerables erupciones volcánicas. Parecían esculpidos en curiosas formas de suspiros cavernosos, donde vivieron y oraron nuestros antepasados, dejándonos la resonancia de su energía. Tuvimos la oportunidad de que nuestros espíritus pudieran levitar, en lugares desconocidos para el grueso de la gente, porque tres de mis nuevos compañeros, eran de origen turco y conocían cada rincón cual más cautivador. En esos parajes alucinantes, un arriero se detuvo para invitarnos a montar sobre su copiosa carga, en una carreta llevada por burros, sólo a las dos féminas, quizás compadecido por nuestras suplicantes caras de cansancio, y en donde casi me descalabro, intentando encontrar la forma más decorosa posible, de trepar en falda corta, nada apropiada para tal ocasión. Este milagro sucedió después de haber caminado por kilómetros, en aquel perdido jardín del Edén, que nos obsequió con su follaje y la dulzura de sus jugosos frutos, que se podían arrancar con sólo estirar la mano. Comimos melocotones silvestres, hasta saciarnos, sin que le debiéramos pagar a ningún dueño que no fuese al padre árbol. Me sentí tan feliz, aún llegando casi a rastras y entierrados hasta las pestañas, a una sencilla posada, horas después de despedirnos de nuestro arriero benefactor. Allí tomamos un delicioso baño en el patio de la casa y pudimos lavar la ropa a mano, con jabón de panela, cuya espuma impregnaba agradablemente todo el ambiente.

El servicio estaba a cargo de muchachas que una vez fueron como nosotras, libres y sin velo, pero que para ese entonces, no podían salir sin sus esposos o un familiar masculino, y cuyo cabello al igual que sus cuerpos permanecían cubiertos, como si fuesen crisálidas dentro de amplios capullos de seda. Acicalaban sus pañuelos con artísticos tejidos en hilos y pedrería, quizás para resaltar los rostros, única región rebelde de sus pieles, a pesar de lo insoportable de las altas temperaturas. No salía de mi perplejidad, cuando una de ellas me mostró una foto tomada años atrás, cuando fue guía en una oficina de turismo, usando jeans ajustados, con el pelo suelto y una gran sonrisa... ¿qué había quedado de ella después de casarse? Trabajo duro y confinamiento. Hacía siete años que no salía de esa casa...

Seguimos hacia **Izmir y Éfeso**, y pudimos admirar los vestigios inequívocos de esas antiguas y sabias civilizaciones, sus elegantes columnas estriadas que sirvieron de base a lo que fue su impresionante biblioteca, mórbido leoncinio en ruinas, o el táctil hamman, esas salas de baños de vapor, hechas para despertar la sensualidad y el placer de todos los sentidos mediante masajes, dado a quienes indudablemente, supieron deleitarse al máximo.

Después de ese recorrido por la región central del Egeo, mis compañeros decidieron ir a Chipre y me invitaron a acompañarles. Después de agradecerles por su amistad en medio de un emotivo mar de lágrimas y despedirnos con el pecho convertido en un apretado nudo, no acepté, a sabiendas que dejaba ir la oportunidad más cómoda y segura para mí. Lo decidí al recordar mi meta: continuar el trayecto valiéndome sólo por mí misma y lograr superar esa prueba auto impuesta de crecimiento personal. Fue así como me enrumbé más hacia el sur, al acuático Bodrum, ese puerto de veleros blancos, que flotan apacibles cual elegantes garzas inmaculadas. Ofrecía a la sorprendida vista, las réplicas de sus rescatados tesoros, en forma de antiguas ánforas de cristal tornasolado, llenas con la fragancia deliciosa del aceite de limón dulce, así como sus tradicionales sandalias hechas a mano, suaves como guantes, de piel de cabretilla. Pernocté dos noches en el doyo de meditación zen, a donde llegaban los viajeros que eramos parte de esta Escuela, y al fin, pude conocer a mi buen amigo y guía espiritual, quien me orientó para continuar en esa gran aventura, con sus sabias recomendaciones.

Después de tres intensos días de depuración, proseguí hacia **Konya**, "morada de los caballos bellos", al suroeste en la región de Anatolia. Tomé un bus y quise sentarme en un puesto vacío al lado de un pasajero. Para mi sorpresa, el chofer se detuvo de un sólo frenazo, y se dirigió hacia mí, muy enojado, hablándome en turco y gesticulando para que desocupara el asiento. Como no entendía qué pasaba, una gentil mujer me habló en inglés y me dijo que me sentara junto a ella. Allí me explicó que no podía hacer eso, si no conocía al caballero. Qué me iba a imaginar tanto alboroto por lo que para mí era una menudencia, pues en mi país, te puedes sentar donde quieras y con quien quieras. Pero como aprendí desde pequeña, que al "lugar que fueres, haz lo que vieres", mi buena disposición me permitió que todo se arreglara de la mejor manera. Fui bendecida con la amistad de Betigûl, esa compañera de viaje, hasta el día de hoy. Cuando ya íbamos llegando, le pregunté por un hotel donde pensaba quedarme. Después de haber compartido tantas horas en vela, haciéndonos confidencias, ella me dijo: ¿porqué no te quedas en mi casa? Y yo le respondí: ¿y porqué no?.

Ella me invitó a conocer Konya, y lo primero que hizo fue llevarme a donde más deseaba: el sitio de reposo del enigmático poeta y gran pensador de 1200, Mevlana Caladedin Rumi:

"Tu amor me hace cantar como un órgano
y mis secretos se revelan al contacto de tu mano.
Todo mi ser extenuado semeja un arpa.
A cada fibra que tocas, gimo.

De la nada ha partido nuestra caravana
portadora del amor.
El vino del amor ilumina eternamente nuestra noche,
del vino que no prohibe la religión del amor.
Nuestros labios permanecerán humedecidos
hasta el alba de la nada.

De verdad somos una sola alma tú y yo.
Aparecemos y nos ocultamos, tú en mí, yo en ti.
Este es el sentido profundo de mi relación contigo
pues no existe entre tú y yo, ni tú ni yo"

Recorrimos muchos museos y todo lo que pudimos en ese estrecho tiempo. Fuimos a almorzar y al querer pagar la comida, ella me respondió: tú eres mi invitada mientras estés conmigo no pagarás nada. Me impresionó su nobleza y su apoyo sincero, viniendo de una persona que recién conocía, y que de inmediato, nos pudimos entender tan fácilmente, aún siendo de dos culturas tan disímiles. Allí me dí cuenta, que el único lenguaje universal válido es el del corazón, al decidir desprendemos de nuestras inculcadas creencias. Fui muy afortunada en encontrar a alguien tan especial, no sólo por su cultura e inteligencia, sino por lo generosa y humana. Aunque haciendo honor a la verdad, tuve la suerte que la gran mayoría de los turcos con que interactué, eran amigables y compartían lo que tenían, de manera espontánea, sin importar lo poco que tuvieran.

Al día siguiente, Betigûl me acompañó hasta el bus que me llevaría a **Sinop,** al norte de Turquía, y me entregó un pequeño avío, acompañado de un delicado mantel crema, bordado en dorado y las consabidas recomendaciones que se le da a una hermana.

Sinop era una pequeña ciudad, rodeada de ruinas amuralladas de lo que fue una gran fortaleza, cuya mejor vista se disfrutaba, desde su punto más alto. Allí se ubicaba una tetería fantástica, al aire libre, con cientos de golondrinas revoloteando, como una red de índigos puntos móviles proyectados en el firmamento. Era una atmósfera embriagante. Allí conocí a un chico, Yalcin, que me invitó a visitar a su familia, a orillas del Mar Negro. Deseaba tanto sumergirme en sus aguas... Y llegamos a una pequeña casa, donde me recibieron como si me conocieran de toda la vida. Me ofrecieron su único y mejor cuarto, y esa noche, dormí entre mullidos almohadones, sobre la alfombra. En las fechas siguientes, sus otros familiares y amigos, me honraron con su visita, para conocerme. Pasé los mejores días allí, en ese cálido lugar rural, donde no había ducha, sino que había que calentar el agua en una olla destartalada que yo amaba. Tampoco había cuarto de baño, sino pozo séptico, en el patio trasero. Cuando quería lavar mi cabello, las muchachas se ofrecían gustosas en derramar el agua, mientras nos reíamos a carcajadas. Otras veces, recibía un delicioso masaje en mis pies. Me regalaron lo mejor que cada uno tenía, y me trataron como a una verdadera sultana de realeza otomana. En el día, saltábamos la cerca de atrás y nadábamos en el Mar Negro hasta cansarnos, todas con ropa, para no mostrarnos. En la noche, nos reuníamos para procurar entendernos con el poco inglés que sabíamos y con señas, que simulaba a un lenguaje de mudos, muy gracioso. Ellos tenían un carro rojo, igual a uno que tenía en mi país, y no sé porqué, me lo ofrecieron para que lo manejara. Para ese entonces, era muy raro ver a una mujer al volante, y nos entreteníamos mucho, al ver la cara de sorpresa y de preocupación, de la gente cuando pasábamos, que parecían decir: cuidado, mujer al volante!

Recuerdo otro momento, que decidimos salir al campo, en un pequeño camión, de esos que son descubiertos en su parte trasera. Allí nos montamos descalzas y subimos toda la comida que se había preparado para tal ocasión, y una especie de redondel de madera que se apoyaba en una pequeña base, para emplearlo como mesa. Tuvimos un día de campo fabuloso, soleado, tan simple y tan delicioso, consumiendo de postre, una especie de moras silvestres, blancas, muy dulces, que crecían por doquier. Rememoro todas esas delicias servidas en pequeñas porciones, en muchos cuencos, para que todos compartiéramos esos manjares, ayudados por ese divino pan tannour tan delgado, parecido a un pañuelo, que era el único utensilio, en nuestras manos. Para finalizar, dimos una caminata y nos acostamos sobre una mullida alfombra de acículas de pino, cuyas interminables filas verdes, finalizaban solapándose a la orilla del mar…

Lamentablemente, perdimos el contacto, una vez que me fui, pero quiero que sepan, Aydan, Yalcin y toda su familia Dicman, que siempre los bendeciré y agradeceré su presencia en mi vida, por haberme hecho sentir tan aceptada. Beso sus manos y las llevo a mi frente, como muestra de respeto, como ellos me lo enseñaron. Deseo volver a dejar mis zapatos en su puerta, y entrar descalza, a ese verdadero hogar que me llenó de mucho amor.

Decidí seguir bordeando la preciosa costa del Mar Negro, para llegar a **Trabzon**. Allí coincidí con Chiaki, una chica japonesa profesora de arte, con Dereck, un chico alemán, profesor de economía, y yo, profesora de Ciencias de la Tierra. Tres educadores que andábamos solos y que coincidimos en el cenit de esa montaña, donde pendía de manera misteriosa, el Monasterio de Sûmela, con un equilibrio insuperable. De regreso, quedamos en vernos y recorrimos las calles del lugar, muy conocidas por la presencia de hermosas prostitutas rusas, por lo que nos advirtieron que había que andar con cautela y escoger un buen hotel, para que no nos confundieran. Al día siguiente, mi destino trazado era **Rize**, muy cerca de la frontera rusa, y sólo mi amigo alemán se sumó. Llegamos a un sitio no muy vistoso, donde no divisamos ni una sola hoja de los afamados cultivos de té, y con ese primer impacto, mi compañero quiso dar vuelta atrás al instante. Como los venezolanos no nos rendimos tan fácilmente, decidí ingeniármelas para aterrizar de alguna manera, en dichas plantaciones que tanto anhelaba ver por primera vez. Comencé a preguntar a todos, cómo podía llegar, hasta que al fin, alguien nos entendió y se ofreció llevarnos a su casa. Nos montamos en un destartalado vehículo, que no era precisamente de doble tracción para afrontar lo escabroso del terreno, y después de un largo trayecto, Dereck comenzó a verme insistentemente, con rostro arrepentido y aterrado, a pesar de su gran tamaño, —ya que de seguro se había hecho la película, que nos habían raptado—. Estuvo en modo de reacción defensiva, recordando seguramente, las recomendaciones exageradas, que recibió al salir de su controlado país perfecto, hasta que llegamos. La casa ocupaba un diminuto espacio, rodeada de un paraje exhuberantemente verde y extenso, en medio de cuantiosas terrazas del ansiado té. Incluso dentro del hogar, parecía ser una prolongación de ese verdor y lo primero que resaltaba, era un alto y cargado árbol de peras. Acostumbrada hasta ese momento, a ver turcos de cabello y ojos oscuros, mi impresión fue total, ante unos siete niños completamente rubios, ojos azules, casi transparentes de tan blancos, y que conformaban una fila de diferentes tamaños, en decrescendo, hasta el de dos años. Todos fueron muy amables, tanto, que el dueño de la morada, quien fue el que nos convidó, se prendó de mí y no quería que regresara, pero lo mucho que obtuvo, fue que le aceptara una deliciosa taza de su té, tomado en un plácido jardín, rodeado de camelias a cielo abierto, y mi número de teléfono en España, como muestra de afecto por su atención.

Regresé a Estambul y me quedé un día más antes de tomar mi vuelo a España. Estuve recorriendo la ciudad, y ya cansada, me senté en una plaza. Era verano y yo vestía una discreta blusa sin mangas. De pronto, un hombre vino directo a acariciar mi hombro. No salía de mi sorpresa, sin poder comprender como un simple articulación desnuda, podía ser tan atractiva para ellos, pero después caí en cuenta, que sus mujeres siempre iban de manga larga. Además, para los turcos era raro, aceptar que una dama paseara sola, por lo que muchos asumían, que podían insistir y transgredir, ciertos límites que no se podían permitir con sus locales, hasta que se les plantaba cara y se les decía abiertamente, que no quería ni buscaba compañía. Tiempo después, me enteré que en gran parte este consuetudinario comportamiento era común en una ciudad grande como esa, donde existía una afluencia de turistas femeninas que viajaban en busca de encuentros sexuales, motivadas por el atractivo innato de los turcos. Son considerados los hombres más guapos del mundo, por la belleza de sus exóticas mezclas étnicas y su porte innegablemente varonil. Por esta razón, eran muy solicitados para tal fin y ellos a su vez, sacaban el mayor provecho de su encanto, sin duda alguna.

Este viaje a Turquía fue muy importante para mí, pues gracias a ello, pude medir mi valor y recobrar mi autoestima e independencia. Aprendí que transitar sola tiene sus ventajas, ya que la misma vulnerabilidad ante lo desconocido nos permite ser más intuitivas y receptivas. Que la gente buena existe en todas partes y que sus diferencias se borran cuando somos capaces de dejar atrás nuestro recelo y estar dispuestos a experimentar lo desconocido, creyendo y confiando en lo que hacemos. Puedo afirmar sin duda alguna, que fue una reconexión profunda conmigo misma, con mi espiritualidad y con la belleza, que la ayuda siempre aparece cuando se necesita, que hay que dar para recibir, servir y compartir. Que lo religioso no se palpa sólo en un templo, sino también en la Naturaleza, que hay que respetar las costumbres de los otros como nos gustaría que respetaran las nuestras, sin juzgar, discriminar ni etiquetar, y centrarnos en lo que en verdad nos une como seres humanos.

El hecho de descalzarme al entrar a un recinto venerado ya sea hogar o mezquita, tuvo para mí, un simbolismo muy poderoso. Significó ingresar a una nueva vida sin las impurezas que se traen del camino. Fue el desprenderse del pasado y darse una nueva oportunidad, acercarnos cada vez más, a nuestro Ser Superior. Gracias Turquía por darme el valor y la fortaleza en mi proceso inicial de cambio!

MARRUECOS
(1997)

Regresé para continuar mis estudios y salió un tour para Marruecos, promocionado por la Universidad, en una de esas semanas feriadas, como las hay tantas en España, con cualquier motivo de celebración local o religiosa. Aunque no acostumbro a viajar en tour, por lo incómodo que me resultan los horarios estrictos para todo, me anoté, esta primera vez, por tener referencias de lo peligroso que podía ser ese destino, para una mujer sin compañía, a causa de los raptos, y preferí no correr el riesgo.

Nos fuimos en bus y un ferry nos transportó a nuestro destino. Desde que tocamos tierra, entramos con el pié izquierdo. Un policía de aduanas, se empecinó de manera férrea, en retener a dos de mis compañeros que eran costarricenses. En total, eramos cuatro americanos y los restantes, españoles. Fue un largo forcejeo, y nuestro guía, debido al retardo que se produjo por esto, expresó su brillante idea de dejarlos varados a su suerte, pero afortunadamente, la solidaridad de todos prevaleció. Me bajé del vehículo y junto con otro colega, logramos convencer al agente, después de quedar prácticamente afónicos, al esgrimir un sinnúmero de argumentos, en pro de los aportes de su estadía.

Cuando las chicas terminamos de bajar, apareció una nube de zagaletones, tan desagrables en su proceder, como los moscardones. La bienvenida consistió al parecer, en un acoso, donde nos rodearon y nos palmearon el trasero, ante la vista divertida de los provincianos. Fue tan súbito, que cuando pudimos reaccionar, ya se habían disipado y quedamos con esa mal sabor de haber sido irrespetadas públicamente y sin derecho a pataleo.

Fue una difícil semana, que de descanso no tuvo nada. La arquitectura y el paisaje, eran realmente estupendos, pero sus nativos se comportaban por lo general, de una forma intimidante, y la falta de higiene era exacerbada. El 85 % del tour terminó con el estómago hecho trizas, muchos de ellos en cama, ya que no podían parar de devolver todo lo que consumían, por cualquier orificio posible. Afortunadamente, fui preventiva y pude salvarme de esto, pero no de presenciar cómo en una ocasión, los empleados del hotel enjuagaban sin pudor, los paños amarillentos de su clientela, con la misma agua de la piscina.

Los episodios álgidos se sucedían uno tras otro. Salimos a tomar fotos en **Fez**, y una desaliñada mujer que estaba casualmente en ese lugar, nos insistía que debíamos pagarle, acusándonos de fotografiarla sin su permiso, cuando en realidad, ella no era el objetivo. Al tratar de explicarle, comenzó a gritar, y otros se agolparon para tirarnos piedras, por no acceder a su demanda. Tuvimos que correr rápidamente, para evitar ser lesionados. En otra calle cercana, encontramos a un grupo de hombres, que al vernos, comenzaron a cantar una especie de himno español, cada vez más subido de tono, volteando patas arriba, un pequeño auto cercano... Al día siguiente, en una calle muy estrecha de Marrakesh, una de las chicas que paseaba con su largo cabello suelto, agarrada de la mano de su esposo, fue fuertemente golpeada por la espalda, por un hombre que venía apurado con una carretilla, supongo, que por no apartarse rápidamente, por sostener la mano de su marido en público, o por su osadía de caminar con su cabello suelto y sin cubrirlo. Al salir de ese laberinto, donde el guía nos dio instrucciones claras que no perdiéramos sus pasos, nos encontramos en una gran plaza al aire libre. Era tal la confusión del lugar, que ni por equivocación solté a mis compañeros, Manuel y José, que asumieron muy en serio, su papel de escoltas, uno por cada lado. Allí habían encantadores de serpientes, apostadores de boxeo, animales destripados mostrando de la manera más cruda, sus vísceras o su cerebro para ser cocinados al instante, sacadores de muelas con rústicos alicates, bailadores de frenéticas danzas. Todo eso se me hacía tan grotesco y embarullado, que me sentí inmersa sin darme cuenta, en el pasaje bíblico de Sodoma y Gomorra, por el caos y la confusión reinantes. Lo que sí era un hecho, que donde nos deteníamos a observar, exigían dinero de inmediato. En medio de ese desbarajuste, había una chica que tatuaba con henna, a quien sólo se le veían sus vivaces ojos, resaltados con khol y a quien José, el mejicano, se le ocurrió pedirle que se quitara el velo. Ella se negó rotundamente, como era de esperarse, y en un extraño voto de confianza por ser mujer como ella, me llamó aparte, para descubrirme su agraciado rostro.

En **Ouarzazate**, nos detuvimos a comer en un pequeño restaurante y cuando embarcamos, el bus inexplicablemente no arrancaba. Casi a la par, aparecieron dos "mecánicos" que salieron de la nada, dispuestos a ofrecer sus servicios si se les pagaba. El chofer desconfiado ante esa singular "casualidad", revisó el vehículo por debajo, y pudo ver una manguera, que colgaba cortada, sin motivo alguno. Hubo que perder un tiempo precioso en la reparación, para poder sustituirla y seguir.

En **Casa Blanca** fui a un bazar, con la pareja de amigos costarricenses, y me quedé prendada de unos collares, exhibidos en una de las vitrinas, cuando de pronto, uno de los dueños, sale a hablar con Luis. Le preguntó si yo era otra de sus esposas, cosa que él negó. Entonces ofreció darle 500 camellos y un burro, como pago por mi persona Yo seguía ajena a la supuesta negociación y mi amigo, tomando esto a broma, finge que va a cerrar el trato. Cuando me acerco, él me cuenta riendo a quien estaba negociando, me quedé petrificada, a punto de un soponcio, ya que sabía la connotación grave que eso tenía. En los países árabes, la palabra es un documento verbal de tanto peso como la ley. Por suerte, Luis entendió en qué se estaba metiendo, y le dio amablemente las gracias, excusándose por no poder aceptar su oferta, dado que no tenía idea qué hacer, con esos dromedarios en su país. Mientras tanto, el interesado, insistía en convencerlo sobre cuán oneroso era el pago, ya que traducido en dólares, significaba muchísimo dinero…ahí caí en cuenta, del papel de objeto que se le adjudicaba a la mujer, donde en países como éste, no tiene derecho a nada, ni siquiera a negarse, sólo a ser canjeada.

La última gota que derramó el vaso, fue cuando José y Manuel, (mejicano y español respectivamente), se unieron para que curioseáramos en una especie de farmacia, que ofrecía productos hechos con minerales, hierbas y partes pulverizadas de animales. Había una infinidad de filas de pequeñas gavetas superpuestas, con productos muy novedosos, como un jabón hecho con cierto tipo de arcilla, que eliminaba la fiebre al usarlo, polvo de minerales que fungían como cosméticos, varios camaleones en jaulas, que eran la atracción del lugar, entre otros. De pronto, entra un señor invitándonos a una demostración de pintura con henna. Aceptamos enseguida, movidos por el interés de ver aplicar directamente en el lienzo de la piel, esta técnica milenaria. Nos llevó a una casa grande, y nos sentamos en el suelo a esperar. Comenzaron a mostrarnos alfombras y más alfombras, y nada que venía la artista. Llegó inesperadamente otro hombre y cerró las puertas, con una actitud muy agresiva, gritándonos que no podíamos irnos. Nos ofrecieron té, pero mi intuición me dijo que nos abstuviésemos de beberlo, pues era probable que contuviera algo para sedarnos. Aún así, mis amigos me dijeron que estaba exagerando, pero prescindieron de tomarlo. Permanecimos muy alertas, y el hombre que nos llevó, apareció de nuevo. Traté de convencerlo para que nos dejara salir, con la excusa de avisarle a los del tour, aduciendo que muchos de ellos sí querían comprar alfombras, hasta que al fin decidió abrir la puerta. Trataba de guiarnos por un camino estrecho, propicio para una encerrona, posiblemente con la intención robarnos o de llevarme a la fuerza. Me dí cuenta afortunadamente, que la senda de regreso no era esa, sino que nos llevaba presuroso, en sentido contrario. Cuando alerté a mis compañeros de esto, nos devolvimos velozmente. Comenzaron a salir personas de la nada y se inició la persecución. Estaban al acecho esperándonos, y una vez más, nos vimos envueltos en una tupida lluvia de piedras. Tuvimos que pegarnos otro maratón, para poder llegar a duras penas, hasta el hotel, con la adrenalina a millón, la lengua de corbata y el corazón a punto de explotar... fue en verdad angustiante, el pensar que no llegaríamos ilesos. En verdad, todo parecía indicar, que poseían una idea fija, con la bendita lapidación.

Lo que en verdad nos salvó, fue mi recuerdo indeleble, sobre las historias de dos chicas que conocí y que habían pasado por episodios similares, terminando casi en secuestro. La primera, una francesa, que viajaba con 2 compatriotas suyos y que se habían separado para conocer sitios diferentes. Quedaron en encontrarse un día después, en un lugar determinado.

A ella la invitaron a una casa a ver alfombras y terminó encerrada bajo llave. Sin perder la calma, esperó que todos se durmieran para ver cómo salir, hasta que al fin, encontró una ventana abierta, logrando escapar. Llegó muy asustada a la estación de trenes, donde no había un alma, ya que eran aproximadamente, las 2 de la madrugada. Al fin, abordó un tren, buscando el vagón más seguro, que se suponía era, en donde venía sentado otro extranjero. Respira confiada, pero pasada media hora, entran tres marroquíes muy drogados, y el supuesto apoyo, se para de allí y la deja sola. Los hombres la acosaron hasta llegar a su estación, repitiendo incesantemente, que le cortarían los párpados, si se dormía. La pobre sufrió un verdadero calvario hasta que amaneció, sin poder pegar un ojo, pese al cansancio. Entonces los hombres se despidieron de ella, como si no hubiese pasado nada, al cesar el mal efecto de su adicción, y terminaron pidiéndole disculpas, por su comportamiento. Afortunadamente la chica pudo escapar ilesa físicamente, pero totalmente traumatizada. Otro caso fue el de una joven que viajaba con su esposo. Al llegar al hotel, su marido se durmió y ella decide subir sola a la azotea, a disfrutar un poco más de la noche. Su mismo guía, la siguió e intentó raptarla, cosa que se evitó afortunadamente, porque alguien oyó sus gritos desesperados pidiendo auxilio, en medio de un tenaz forcejeo y acudieron en su ayuda.

Lamentablemente, la imagen que conservo de ese país, es bastante turbia. Creo que las razones saltan a la vista y son más que suficientes. El único momento de relajación en esa semana, fue cuando llegamos al **Desierto del Sahara**, quizás por lo alejado de la multitud y del bullicio de las grandes ciudades. Nos habían ofrecido alojarnos en jaimas, directamente sobre la arena, y resultó ser un fiasco, ya que nos instalaron en unas ordinarias carpas de campamento, sobre piso de cemento y cuyas comidas se servían en unas largas mesas de banquetes, para "la comodidad de todos"... Fue tal la desilusión, que José, Manuel y yo, caminamos unos pocos kilómetros para adentrarnos y sentir algo de ese magnífico desierto bajo nuestros pies. Nos dispusimos a "ver los toros desde la barrera", de esa mala imitación de morada "típica", en la cual los demás, parecían satisfechos. Al poco tiempo, se nos unió María, huyendo de allá, por la misma razón. Así que decidimos acostarnos plácidamente en la tibia arena, sobre lo que fue hace millones de años atrás, el Mar de Tethys, mientras contemplábamos con veneración, esa soberbia bóveda celeste, a punto de reventar, por el peso de tantas estrellas. En medio de esa grata oscuridad, aparecieron cuatro marroquíes, que se acercaron para preguntarnos qué nos pasaba, y al entender lo sucedido, quisieron regalarnos una inolvidable noche beduina. Trajeron pieles de camello para que nos pusiéramos cómodos, instrumentos musicales y un narguile con hachís, a cuya invitación a fumarlo, fue lo único a lo cual declinamos. Comenzaron a tocar sus armoniosos instrumentos y nos invitaron a participar. El paroxismo de la música se apoderó del espacio y nuestros cuerpos comenzaron a vibrar. Nos hicimos uno con la embriagante danza nocturna, y reencarnamos reviviendo el movimiento de los antiguos sedimentos, movidos por la magia del viento. Fue una experiencia absolutamente magnífica de integración plena con el Universo.

A pesar de tantas vicisitudes, puedo afirmar que todo país tiene su belleza, y Marruecos no era la excepción. Es una cultura que valora el trabajo artesanal y conservan sus costumbres. Con edificaciones y naturaleza sin igual, el desierto fue lo que más me impactó. No lo imaginaba tan ondulante y volátil al pisarlo, ni esa vastedad infinita, carente de puntos de referencia para una citadina que como yo, no sabría sobrevivir sin una brújula o gps, sino con la guía de los astros. Quedé impresionada con el cambio extremo de sus temperaturas: muy caliente en el día y tan frío en las noches, y con la rara sensación que se experimenta al cerrar los ojos mientras se proteger la boca y los oídos, ante el impacto inesperado de sus fuertes tormentas de arena. Siempre rememoraré una historia de uno de los chicos beduinos que nos acompañó aquella noche, sobre la imagen de un león que apareció en el primer y único televisor del pueblo y que les dio la impresión que saltaría sobre ellos. Los asustó tanto, que alguien agarró un palo para matarlo, y hasta allí llegó el aparato... Me encantaron sus interesantes casas en arcilla, otras pintadas de añil, y ver como aparecía en medio de tanta aridez, un oasis, con datileras tan frondosas y con tanta agua que parecía un verdadero paraíso. Montar a camello por primera vez, y lo difícil que es mantener el equilibrio sobre él en medio de su balanceo, aprender a enrollarse un turbante, fueron cosas especiales. Desafortunadamente, la seguridad y el respeto hacia el extranjero, no siempre es tenida muy en cuenta. No sé si volveré alguna vez, para ser sincera. Lo que sí tengo claro, es que nunca se me ocurriría ir sola. Quizás fui en un mal momento, pero muchas situaciones desagradables impidieron que pudiera considerarlo placentero en su totalidad.

Regresamos de nuevo a España, y continué con mis clases. Era mi segundo y último año.

Una vez finalizadas, escogí conocer a Indonesia.

INDONESIA
(1997)

Siempre soñaba despierta, hojeando los gruesos catálogos de viaje, con destinos tan apasionantes como esa cadena de islas volcánicas, en el sureste asiático, llamada Indonesia. Sus playas de alguna manera, me retrotraían a mi país, por su exuberante belleza, el azul electrizante de sus aguas, la calidez ya conocida de su clima tropical y su explosiva vegetación, lo que me convenció en un instante, para trazar mi rumbo inicial hacia Bali.

El avión hacía varias horas de escala en Frankfurt, por lo que quise aprovechar el tiempo, en encontrarme con mi amiga Rosa, que fue mi compañera de Profesorado en Venezuela. Se nos pasó tan rápido el tiempo, que por poco me quedo varada en Alemania. De hecho, ya habían cerrado las puertas del vuelo, y de tanto suplicarle casi de rodillas al encargado, me permitió acceder, ante la vista acusadora de todos.

Aterrizamos en **Sanur**, y al día siguiente, alquilé una camioneta con conductor, que resultaba muy económica para llevarme a escoger mi futura morada en **Ubud.**

Después de ver varios hoteles, al entrar, supe de inmediato, que esa acogedora posada con cabañas, sería la mía. Mi atención fue captada por el artístico marco de entrada, donde reposaban pequeñas porciones de frutas, flores e incienso, para ofrendar a los Dioses y a quien llegaba. Estas oblaciones se ofrecían delicadamente en cestas hechas en trenzadas hojas de plátano. Al traspasar el portón, se iniciaba un serpenteante camino de piedra, con lamparitas encendidas de aceite, que llevaba a los bugalows. En la recepción fui recibida por su dueño, que era a su vez, un verdadero artista. Supe por sus bellos cuadros, que era un pintor de calidad, además de evidenciar su buen gusto, en cada detalle que nos rodeaba, y en la forma tan gentil y natural de sus modales. No era de extrañar que viviera donde se concentraba la crema y nata de los artistas de Bali, ese receptáculo abundante de talladores en madera y coco, hacedores de delicados alfileres de cabello en nácar, costureros que hacían trajes de algodón o seda a la medida, ingeniosos orfebres en joyería fina y gemas iridiscentes, en especial, labradoritas de alta calidad, colgantes sonoros, botones de nácar, rostros en hueso…En seguida nos entendimos y pagué la cabaña por una semana. Era una cuchitura! Tenía un pequeño porche con 2 sillones de bambú y una mesita, donde traían religiosamente, una jarra de té en las tardes y para el desayuno, frutas y panquecas, cubiertas con miel de caña, el cual prefería sin duda alguna, ante ese mal llamado tipo "americano". La puerta de entrada consistía en dos tablas rectangulares de madera talladas por completo, que medían aproximadamente unos 2 mts de alto, y cuyo sistema para cerrar, era poner un candado entre dos argollas de metal. Al entrar, mostraba un cuarto amplio, una cama con coloridas colchas de batik y un pequeño armario. Todo el bonito mobiliario era de bambú. Parecía que estaba inmersa en el cuento de la diosa de largas uñas doradas. El silencio lo envolvía todo como si fuese una copa de cristal, hasta el anochecer, cuando un violinista japonés, lo rompía dulcemente, con su música gamelán y balinesa. El cielo era realmente límpido, donde se podía disfrutar la luz de los astros más distantes. Al fondo, se ubicaba la piscina rodeada de flores multicolores de frangipani o amapola tropical, que caían en gruesos racimos, mezclando entre sí sus penetrantes aromas.

Allí trabajaban sólo camareros jóvenes, muy diligentes y gentiles, que compartían su tiempo entre servir y danzar. Uno de ellos me invitó a verlo bailar Kecak o Danza del Mono, en el Templo Madre. Era un sitio de mucha energía, que se conectaba a la perfección con ese grupo circular, de alrededor de 50 bailarines, acompañados únicamente, de sus sonidos guturales. Poseían una coordinación y compenetración tan precisa de movimientos, que se convertían en una sola vibración, como si fuesen una ola humana, de sarongs cuadriculados en blanco y negro, que nos sumergía y nos elevaba con ellos.

Hice unas pequeñas excursiones en las cercanías a varios templos, zonas volcánicas llenas de fumarolas, y anegadas terrazas de arroz y plantaciones de café. Pude acariciar los árboles de clavos de olor y asustarme al ingresar a la cueva de murciélagos que eran quirópteros adorados. No salía de mi asombro ante la suntuosidad de la Naturaleza, que presumía a cada paso, de su generosa fertilidad.

Quise continuar hacia **Java**. Estuve en su gran urbe, **Yakarta,** donde se evidenciaba la pobreza, el bullicio y la suciedad de las grandes ciudades con alta densidad poblacional. Esta vez fui acompañada por David, un canadiense que llevaba mi mismo destino. Allí visitamos el Mercado de Los Pájaros, muy famoso por la variedad y encanto de de todo tipo de aves, incluyendo gallinas y palomas muy ornamentadas. Había un muchacho con un pequeño lemur, un tipo de primate muy tierno, con unos ojos impresionantemente grandes y redondos. Me lo cedió para que lo cargara un rato y disfrutara de él. Fue un gran presente el acariciar tan diminuta y delicada criatura por primera y única vez en lo que llevo de vida. Para llegar hasta allá, tomamos un rickshaw o bicitaxi, vehículo de dos ruedas, que se desplazaba con tracción humana. No lo quise desechar como transporte, ya que me pareció sumamente interesante, pues era la primera vez que lo veía. Mi compañero insistía en tomar un taxi y yo, el bicitaxi, hasta que sin mediar palabra, me monté en uno y no hubo poder que me bajara. A David no le quedó otra que ceder, y después, era él quien insistía en tomarlo. Fue una experiencia única, donde se podía ver todo con una sensación de libertad plena, al mismo tiempo que se valoraba, la fuerza portentosa de las piernas del conductor, capaz de llevar el peso de sus pasajeros y sonreír.

Hicimos una pequeña excursión al templo budista más grande que se haya conocido, **Borobudur**, similar a una montaña, que coexiste entre dos volcanes. Posee nueve niveles, y a medida que se sube, se siente que se llega al noveno cielo. Intuí su significado profundo, con un mutismo de tranquilidad que se apodera de ti, potenciado quizás, a su vez, por su forma intrínseca de sagrado mandala, que aunque sólo se puede apreciar desde arriba, se intuye. Es un lugar religioso muy antiguo, que data del año 800 d.C, donde se han recibido cientos de peregrinaciones, tanto de monjes como de laicos, en busca de ese contacto con la verdadera espiritualidad. Pude recorrer esos espacios entre las estupas, en donde estaban contenidos más de 500 estatuas de Buda en posición meditativa. Es una verdadera maravilla, donde se le sumaban las magistrales tallas en relieve de sus paredes.

A diferencia de Borobudur, el templo **Prambanan** era un complejo de 200 templos hinduistas, que honraban a Dios en su trilogía: Brahma el que crea, Visnú el que preserva, y Shiva el que destruye. También se consideraba el más grande en su tipo, sólo que más reciente que el anterior, dado los diferentes tiempos de sus edificaciones. Realmente, quedé más impactada por Borobudur, quizás por mi influencia budista, en la práctica del zen.

Presenciamos un amanecer sobrenatural en el Volcán Bromo. Madrugamos para levantarnos a las 3,30 am. Este fue nuestra modesta ofrenda, pero la recompensa de esta visión alucinante, la multiplicó con creces. Nos separamos allí, pues llevábamos rumbos diferentes. David se quedaría en Java para ver a su hermana, y yo iría a Lombok, una isla más tranquila y menos concurrida.

En **Lombok**, tuve la suerte de conocer un chico en el hotel, que atrajo mi atención por su sedoso cabello negro, que sobrepasaba su espalda. Arip era delgado y perfecto, de ojos muy expresivos. Nos agradamos mutuamente y me dijo que me llevaría a unas playas paradisíacas, las de Gili Air en donde su madre tenía una pequeña posada. Fue una gran aventura, porque nos fuimos en los usuales vehículos de alquiler por puesto, atiborrados de gente. Nunca me imaginé cuántas personas podían caber en un carro tan pequeño, tanto que parecíamos ir dentro de la maleta expansible del gato Félix. Eramos alrededor de 12 personas, apretadas como sardinas en lata, situación que me pareció muy divertida. Tomamos luego un ferry y en el muelle, nos esperaba una carreta llevada por burritos. Al bajar, perdí el equilibrio y quedé sentada a horcajadas. Me ayudaron a levantarme, pero la vergüenza que sentía, al abrirme de piernas como un compás desajustado, era mayúscula. Pasado el susto, —en donde para mi suerte, no hubo nada roto—, nos montamos en el folklórico carruaje, hasta llegar a ese sencillo pero delicioso hotel prometido.

Nos recibió su mamá, una robusta y bella mujer que regentaba el lugar. Me rentó una pequeña y elemental cabaña de madera, con una curiosa entrada, hecha de entre paños, donde cada uno, lucía un precioso caracol, colocados en diferentes niveles. Seguía la habitación, con una rústica camita de madera, cubierta con su mosquitero y bajando unos cuatro peldaños, ¡sorpresa! una magnífica ducha, que al estar debajo de ella, se podía divisar   la tupida vegetación circundante, condimentada con esa sensación de libertad, dada por la desnudez. Estaba diseñada de una manera tan ingeniosa, que desde afuera, nadie podía ver más allá de tu cuello. La amaba! Era y seguirá siendo mi ducha soñada...

En el día, mi amigo tenía su rutina y yo la mía. Me gustaba caminar en busca de caracoles de nácar y trozos de coral rojo, diseminados por sus playas como tesoros olvidados. En cada cierto trecho, había una especie de refugios ante el inclemente sol, muy aireados, construidos manualmente. Quedaban elevados del suelo por una base de estacas de madera, con techo de palma para disfrutar de la vista marina y evitar achicharrarse. Me recordaban de cierta manera, a los palafitos del oeste de mi país. Visité a unas pequeñas islas cercanas, con la compañía de una pareja francesa, Jean Claude y Eliane, que había conocido en el ferry, y por lo pequeño de la isla, nos saludábamos a diario. Le pagamos a un lanchero de la zona y rentamos su barca por un día. Tomé agua de los cocos más dulces y grandes que había visto en mi vida, tanto que parecían balones de fútbol a punto de reventar! Comimos pescados y mariscos, recién atrapados y asados con leña, en la casa del pescador, cien años luz mejor que los cocinados en un hotel cinco estrellas. Buceamos en esa aguas tan transparentes, silenciosas, tibias, y todo sonido desapareció. Sólo nosotros, hermanados con la fauna marina, como piezas que encajaban a la perfección en un rompecabezas...

Regresamos a **Ubud**, y la pareja francesa, se alojó en mi mismo hotel inicial, esa morada de dioses que tanto me agradaba. Nos dimos a la tarea de disfrutar al máximo los últimos días y decidimos hacernos un masaje. Fue una vivencia muy nueva para mí y no sabía qué esperar. Me atendió una chica muy profesional, en una habitación impecable y encantadora, que quedaba inmersa como una cajita de cristal en medio de la selva. Mi reticencia a desnudarme delante de una extraña duró poco. A medida que sentía la destreza de sus manos, mi cuerpo se fue soltando y se relajó por completo. Primero cubrió mi piel con yogurt y me frotó vigorosamente con una esponja marina. Enjuagó con abundante agua y me dio a escoger entre varios aceites perfumados y me decidí por el de sándalo. Siguió masajeando, esta vez, con la acompasada y vigorosa fuerza de sus menudas manos, enjuagando nuevamente mi piel e invitándome a finalizar ese éxtasis, dentro de una tina de agua tibia, ya en completo abandono, llena de flores y ricos aceites, que expelían una compleja mezcla sutil de aromas, acompañados por una infusión de jengibre fresco para el deleite de mi boca.

Difícil describirlo con palabras. Sólo diré, que me convertí en asidua aficionada a este tipo de masajes, por haberle tomado el gusto de sentir plenamente mi cuerpo de manera viva, sensual, relajada, renovada y que tristemente, no es costumbre en occidente, debido a las erradas creencias religiosas que lo consideran pecaminoso, lascivo, vergonzoso, culposo, al descubrirnos o ser manipulado por otro.

Visité el mercado, y compré una gama de aceites y de especias. Probé frutas desconocidas y comidas exóticas que invitaban al deleite de los cinco sentidos, por ser preparadas para disfrutarlas con voluptuosidad.

Fui a un Ngaben o cremación hinduista, con pira funeraria, que me movió por completo. Qué sentido tan diferente se le da allí a la muerte! Se tiene la certeza de una continuación, a través de la reencarnación. Toda la familia y amigos se visten de colores, acompañando a pié al difunto, que lo ubican con su cabeza situada hacia el sur, con pasta de sándalo en su frente y recubierto con una sábana blanca. Va colocado dentro de una figura gigante, en forma de animal sagrado muy vistoso, esa vez era un toro, al parecer, hecho de madera y papeles de colores brillantes, mientras se danzaba y se tocaba música. Le prendieron fuego ante la natural mirada de todos, hasta consumirse por completo. Fue una sensación extraña, eso de verlos contentos, como si de una gran fiesta se tratara, ante esa quema, que aportaba un singular olor dulzón de piel humana, consumida como un cirio, en un ritual de purificación y liberación. Mientras tanto, los invitados comían delicados platos, y entre ellos, el de cerdo asado era el más preciado. Viví ese ritual hermoso, donde tuve el honor de ser invitada por la familia del difunto, para que compartiera ese buen funeral, producto de los ahorros de años, convertidos en ofrendas a sus seres amados.

Todo esto fue otro agigantado paso más en mi crecimiento personal. Aprendí que el cuerpo es tu templo que hay que cuidarlo, consentirlo, sentirlo al máximo desde la cabeza a los pies, aceptarlo, enorgullecerse, rendirse ante él, y hacer cotidiana, la práctica de purificación y sanación a través de este tipo de terapias. Y que la muerte debe ser vista como un paso más, donde hay que celebrarlo como un gran evento único, sin un ápice de tristeza, porque se va a un plano mejor si se ha trabajado en ello. Hay otra concepción distinta de la muerte, un viaje alegre con posible retorno. Que la unión y el respeto hacia la naturaleza y todos sus seres animados o no, es indispensable para sentirnos parte de un todo, donde uno más uno es igual a uno. Que hay que valorar lo bello en cada detalle, por sencillo que sea, aprender a captarlo y resaltarlo, aún en los lugares ignorados o despreciados, y hacerlo extensivo, a cada situación de tu vida, ya sea en vestuario, modales, gestos, comida, y en todo lo que nos circunda. Es necesario abrirse a experiencias sensoriales nuevas, a cargarse de buena energía, sobre todo en esos sitios sagrados, no importa de cual religión seamos. Hay que cultivar nuestra espiritualidad y nuestra humanidad para poder ser tolerantes y amorosos.

Regresé a España, y de allí, después de finiquitar mis estudios en la Universidad de Alicante, retorné de nuevo a mi tierra.

INDIA Y NEPAL
(1999)

esde Venezuela, contacté con dos amigos que eran pareja, de la misma Universidad de Alicante, Xica, brasileña y José María, español, para viajar juntos por India, pero saliendo de destinos diferentes, ellos desde Sudáfrica, en donde hacían voluntariado, y yo desde Venezuela. Era el año de 1999, y quedamos en encontrarnos en **Delhi** en un mes de agosto, en plena época de los monzones y de calor agobiante, por el iluso tema de aprovechar las vacaciones.

Llegamos al aeropuerto casi a la par, y nos sorprendió que nuestras maletas estaban prácticamente en la calle, sin control de ningún tipo. Decidimos agarrar un taxi y nos enrumbamos para vivir esa realidad desconocida por completo para nosotros. Nos registramos en el hotel y salimos a visitar uno de sus templos. Queríamos verlo todo, de un sólo sorbo, pero no sabíamos qué tan amargo. Al subir las escaleras, nos salió al encuentro un niño de unos 7 años, que cargaba su hermanito muerto en brazos, y pedía dinero. No podíamos creer que estuviéramos presenciando un cuadro tan dantesco. No sabíamos qué hacer, además de mirarnos perplejos y de darle algunas de rupias. Y fue en ese primer día, donde comenzó nuestro fuerte impacto. Era un mar de gente, cruzando las avenidas, al mismo tiempo que lo hacían las vacas, cochinos, perros y dromedarios y el ruido estridente de las bocinas sin parar. Se apoderó de mí, una especie de pánico al ver esa pesada masa de animales y gente juntos, limosneando constantemente, como en una interminable letanía, y muchos, mostrando sus miserias, enfermedades o defectos físicos, llamando a la conmiseración. La basura por doquier, era impresionante, y una mezcla repulsiva de olores de flores, curry, comida podrida y excrementos, se posesionaba rápidamente. Había en cada rincón, sitios dedicados al cultos de las vacas, por lo que las moscas volaban campantes por cada rincón, ante las ofrendas comestibles. Matar o dañar a alguna de ellas, era el mayor pecado, aún accidentalmente, con castigo hasta de prisión. Era una ciudad incomprensible, repleta de modernos cyber cafés y edificaciones monumentales, en un contexto donde se imponía el atraso absoluto y la ruindad. Dimos una vuelta, y nos fuimos a intentar descansar, en esa cama de sábanas cutres, con una atmósfera agobiante y espesa. Era suficiente para un primer día.

Decidimos recorrer el norte de India, en un bus, supuestamente en primera clase, y al entrar, nos dimos cuenta que habíamos sido timados, ya las condiciones de viaje eran pésimas y nadie respondía por nada. Era la propia cafetera desbarajustada además que la forma en que era conducido, significaba casi un suicidio, al igual que en Indonesia, donde se manejaba a toda máquina por el canal contrario, y sólo en el momento de estar de frente al otro vehículo a punto de chocar, era que se hacía una maniobra muy riesgosa, y se cambiaba de canal. Y ni pensar en montarse en los trenes, que venían colmados hasta el techo. Fue una experiencia bastante desagradable, ya que ni siquiera nos llevaron a nuestro destino, sino que nos dejaron botados en el medio de la carretera y a todas éstas, sin comprender el motivo. A duras penas, pudimos conseguir un taxi para rentar pagando de nuevo, y terminar así de llegar a **Jaipur**, en el Estado de Rajastán. En medio de esas carreteras pudimos notar la violencia con la que eran tratados ciertos animales, entre ellos, osos y monos, que les perforaban el hocico para meterles una cadena y así dominarlos, con una "domesticación" a base de dolor. Y no hablo de uno, sino de montones de ellos, exhibidos de una manera verdaderamente atroz, para poder conseguir el dinero de los turistas.

Jaipur fue construida en el siglo XVIII en arenisca rosada, por lo que se conoce como la Ciudad Rosa. Era una ciudad imponente, con una arquitectura envidiable en palacios, templos, observatorios y fortalezas, en contraste con el caos reinante en sus calles, llenas al igual que en Delhi, de miles de personas, camellos, tuk tuk (vehículos similares a los de Indonesia, de tracción humana) y bicicletas.

Visitamos el Hawa Majal o Palacio de las Mil Ventanas, que fue un harem, donde se mantenían ocultas y prisioneras, a las mujeres del Marajá, y que únicamente podían permitirse el lujo de ver hacia el exterior, a través de una mirilla. También recibía el nombre de Palacio de Los Vientos, ya que al abrir las 953 ventanas para ventilarlo, las corrientes de aire hacían en conjunto, un sonido muy peculiar.

En nuestra guía de viaje, estaba otro destino singular, **Bikaner,** famoso por su templo de las ratas, donde las alimentan diariamente y las veneran al extremo de considerar un privilegio, comer parte de ese alimento probado por ellas. Gracias al Universo, abdicamos a esa idea, porque después nos enteramos, que el hedor era nauseabundo y había que entrar descalzo. De la que nos salvamos! Fuimos únicamente a su hermoso fuerte, pero estaba cerrado y la lluvia nos asedió largamente, por lo que planeamos ir a la mañana siguiente. Y en verdad que valió la pena, y no había palabras adecuadas para expresar la riqueza de sus detalles que develaban su suntuosa forma de vida, llevada a cabo sobre ese hermoso piso de mármol, salones recubiertos en oro y copiosos jardines interiores, palanquines, como en los cuentos de las mil y una noche. Muchos de los palacios conservan hasta hoy, balanzas enormes que se usaban para pesar en un platillo al monarca del momento, y en el otro, piedras preciosas equivalentes a su mismo peso corporal, que debían ser entregadas de inmediato al Palacio. Me figuro que todos rogarían a sus dioses, para que el jerarca en cuestión, no fuese demasiado pesado...

Seguimos a **Jaisalmer**, la Ciudad Dorada, que de dorada nada, sólo un espejismo de soñadores. A pesar de su tan mencionada belleza, se puede decir que sólo la apreciamos de lejos y parecía ser una ciudad de arcilla. Llegamos a un hotel con el aire "acondicioplado" de un pequeño ventilador viejo y ruidoso. Recién llegados, para completar, se fue la luz, y en esos tres interminables días, llovió a cántaros. La plaga nos masacró por completo y quedamos hechos el propio colador, en medio de ese horno de confinamiento, acompañados de una triste vela y de esa sensación de claustrofobia que aumentaba aceleradamente. Llovió tanto que todo se inundó y la gente se movía con el agua estancada e inmunda hasta la cintura, en medio de un gigante pozo de desperdicios flotantes, que nos persuadió de no querer salir. Sólo deseábamos irnos, y al escampar, continuamos a **Jodhpur,** o Ciudad Azul, así llamada por el color de sus casas, donde vivía tiempo atrás, un grupo de brahamanes o sacerdotes hinduistas. El arte unido a la arquitectura hacían un binomio armonioso hasta en los más pequeños detalles.

Nos dirigimos a **Udaipur,** una ciudad principesca llena de palacios rodeados de lagos, denominada la Venecia de Oriente, y para nuestra sorpresa, muy limpia y placentera. Llegamos a un hotel cinco estrellas tipo palacete, a menos de la mitad de precio por habitación, una oferta inesperadamente agradable y nada despreciable. Al poco tiempo de registrarnos entré a mi habitación, y tocó la puerta, el chico de la recepción. Quería invitarme para que subiera en su compañía a la terraza, y mostrarme la impactante vista de los lagos, lo cual acepté. Estando en la terraza, no habían pasado ni cinco minutos, cuando apareció un hombre muy elegante y cortés, presentándose como el dueño, después de haber increpado en su idioma, al osado empleado, quien en seguida desapareció sin dejar rastro alguno. Muy gentilmente, comenzó a hablarme en un cultivado inglés. Me invitó a tomar una bebida refrescante, mientras disfrutábamos de una vista lacustre magnífica y de una interesante conversación.

Visitamos el Templo de Ranakpur, una exquisitez jainista de 1444 columnas diferentes y santuarios cincelados en mármol. Paseamos por el Lago Pichola y llegamos al templo Jag Mandir o Lake Garden Palace, mandado a edificar por tres marajás, comenzado en 1551 y que fue utilizado como palacio de veraneo y de fiestas para la familia real.

Continuamos a **Púskhar**, o Flor de Loto Azul, el sitio de peregrinaje por excelencia para todo hindú y uno de los más antiguos de India, a orillas de un pequeño lago que se considera santo, al cual se accedía, bajando unas escalinatas. Allí la gente se aseaba, rezaba y lavaba su ropa. A pesar de ello, ninguno de nosotros decidió entrar al agua ni por equivocación. La suciedad, los timadores y los pedigüeños nos acosaban por doquier, pero gracias al ambiente lacustre con la naturaleza a favor, el sitio era menos pestilente. Era un paraje si se quiere, un poco exótico, por la presencia de muchos extranjeros con indumentaria hippie, que parecían vivir allí desde hacía mucho tiempo, incentivados quizás, por el misticismo del lugar, o por las drogas baratas. Recuerdo a una rubia joven, que daba vueltas sin parar y no cesaba de reír. Parecían haberse detenido en el tiempo, en la época de los 60. Recorrimos la ciudad y regresamos al hotel. Bajamos a cenar, a pesar de estar muy cansados. Así que fui la primera que saldé la cuenta y decidí irme a dormir. Ya acostada, y adormecida, sentí que alguien me observaba. Me despabilé, y en efecto, había un hombre en medio de mi cuarto, mirándome fijamente. No sé de dónde saqué el impulso de saltar de inmediato, enfrentándolo. Me dijo que yo había olvidado pagar unos céntimos y que estaba allí para cobrarlos. Me molesté mucho por su atrevimiento y le arrojé las supuestas monedas faltantes, para deshacerme lo más rápido posible del transgresor, que a todas éstas, puso una cara de no quebrar un plato y salió como un rayo. Todavía no sé cómo entró en mi habitación, supongo que con una llave maestra. Por suerte, no pasó de ser un mal rato y se retiró de inmediato. Era la segunda vez que sucedía algo como esto. La primera vez, en una recámara que compartíamos los tres, un trabajador del hotel entró sin pedir permiso, y se apostó a vernos, sin decir lo que quería, y Jose María lo echó. Me dio la impresión que tenían la costumbre de curiosear. Eso me causó desconfianza, y a partir de allí, dormía con una silla recostada a la puerta...

Una mañana, decidimos desayunar en una bonita terraza. Allí José M. pidió tostadas para los tres, y nos trajeron varios platos repletos de montañas de pan tostado. Le explicamos al señor, que era demasiado pan, pero no hubo forma que nos hiciéramos entender, o se hizo el tonto. Para evitar problemas, decidimos tomar los panes para regalarlos a la gente de la calle, y fue bastante rudo el poder presenciar, como sí existen personas realmente hambrientas, que son capaces de agredir con fiereza por un trozo de pan. Fue como si nos hubiese caído un panal de abejas. Lo que me provocaba era gritar de dolor y vergüenza, al evidenciar, en carne propia, tanta injusticia que ignoramos y que de alguna manera contribuimos al ser parte de ella, en este mundo desequilibrado en el cual habitamos. Veíamos personas tan delgadas como agujas, que hacían su vida cotidiana y sus necesidades en las calles, sólo bajo unos trozos roídos de plástico, o simplemente a la intemperie. Rememoro una vez que llegamos de noche a una ciudad, y al bajar del vehículo, nos encontramos con una alfombra humana que cubría el suelo. Tuvimos que caminar entre ellos, haciendo maromas para no pisarlos. Algo definitivamente surrealista, como en una película de Buñuel.

Dejamos Rajastán, y nos dirigimos a **Agra**, en otro estado, llamado Uttar Pradesh, para conocer el Taj Majal, la corona de los palacios, una de las siete maravillas del mundo, movidos también por ese toque de romanticismo, cuya construcción fue inspirada por un profundo sentimiento de amor. De hecho, es un mausoleo que fue construido en el siglo XVII, en veintidós años, donde reposa Mumtaz Mahal, la Joya del Palacio, esposa preferida del emperador mongol Shah Jahan. A su muerte, él pidió acompañar a su amada en el mismo recinto, que compartirían eternamente.

Al entrar, una fortaleza abrió sus pesadas puertas, y después de recorrer sus emperifollados jardines con estanques de lotos, nos mostró al fondo, la preciada alhaja de mármol blanco, incrustada con 28 tipos de piedras preciosas, entre ellas diamantes, cornalinas, lapislázuli, turquesas y zafiros, en medio de un calor infernal que parecía derretirlo todo. El impacto no se hizo esperar, al admirar con embeleso a ese monumento único, mezcla de arte persa, islámico e indio, que refleja una decena de tonalidades diferentes, dependiendo de la hora del día. Su exquisitez en los detalles del cincelado era asombrosa, y sus muros mostraban la estilizada caligrafía de versos sagrados musulmanes. En esta obra majestuosa donde trabajaron 20 mil personas, se rumoreaba que a sus arquitectos jefes les cortaron las manos y los dejaron ciegos, para que no pudieran repetir de nuevo un prodigio semejante, una vez que culminaron la obra. Aún conocidos estos significativos precedentes, los bárbaros ingleses en el siglo XIX, estuvieron a punto de demolerla, para vender su mármol en subastas...Salimos impregnados de una sensación muy profunda, sin omitir una sola palabra. Todas esas impresiones se habían apoderado de nuestros espíritus, en una mezcla de admiración, por ese gran amor más allá de la muerte y por otra parte, ese repudio, por la cruel suerte que corrieron esos magníficos diseñadores, y el riesgo sufrido de haber podido ser demolido, por la ignorancia y la avaricia, una vez más, de los europeos.

Seguimos a **Benarés**, también en Uttar Pradesh, ciudad del siglo XI a.C, con su sagrado río Ganges, donde los peregrinos se bañaban, ofrendaban, hacían sus rituales religiosos y tiraban sus cenizas al ser incinerados, exceptuando a las mujeres preñadas, niños recién nacidos o los picados por culebras, ya que en ese caso, los arrojaban directamente, haciéndoles compañía a los animales muertos que flotaban a la vista de todos. Nos montamos en una pequeña barquita, que parecía de papel, rezando para que llegara a la orilla sin tener que zozobrar y ahogarnos en esa agua tan contaminada para nosotros y tan sagrada para ellos. Llegamos a un recodo del río, donde había una casa de varios pisos. Allí se alojaban los que intuían o creían que iban a morir. Los visitantes de ese sitio, eran los que ayudaban a comprar la leña faltante para los que no tenían con qué hacerlo.

Entramos a la habitación desnuda, algo así como entrar a una sala de muerte, donde a los que sentían que iban a fallecer, les permitían alojarse y acomodarse en el piso, sólo por un tiempo corto, ya que de no producirse la defunción, eran despachados a sus casas nuevamente. Al salir, en un recodo, había una pila de troncos de madera, y un poco más hacia la orilla, en plena tierra, preparaban a una persona. Lo untaban con ghee, una especie de mantequilla para que pudiera arder con mayor facilidad, y por ser hombre, lo envolvieron en un sudario blanco. Lo cubrieron de flores, y lo montaron en una camilla hasta los ghats o escalones, para llegar al agua. Pesaron la madera, ya que se requerían aproximadamente entre 300 y 350 kgrs para quemar por completo un cuerpo, pero que en realidad, tanto su cantidad como su calidad, irían en función de la capacidad adquisitiva de cada quien. Sumergieron el cuerpo en el Río Ganges para purificarlo y luego, lo colocaron sobre la pira funeraria, tapándolo por completo con los troncos. El que dirigía el ritual le prendió fuego, y se tenía que esperar unas tres horas para que se carbonizara. Los restos que no se quemaron, los arrojaron al río. Era un ritual íntimo y a la vez tan público, que generalmente sólo era presenciado por familiares hombres, ya que se suponía que las secreciones como las lágrimas, eran elementos contaminantes para el cuerpo y el espíritu del finado, —como si los hombres no lloraran—. Este tipo de calcinación, a diferencia de la que presencié en Indonesia, no era nada vistosa ni alegre. La miseria se imponía, pero podría afirmar, que de cierta manera, me intrigó esta extraña ciudad.

Después de más de dos semanas en medio de esta vorágine de experiencias agridulces, consideramos que eran más que suficientes para toda una vida. José M. regresó a Sudáfrica para cumplir con sus compromisos adquiridos y nosotras, nos mudamos de país, y nos encaminamos hacia Nepal.

NEPAL
(1999)

uego de un duro forcejeo con los trámites para poder pasar por tierra a Nepal, pudimos acceder. Entramos por fin, al país legendario donde nació Buda, cruce entre la rutas de la seda y de la sal, limítrofe con China e India. En ese ínterin tan desagradable, conocí a dos españoles que venían aterrados con lo que presenciaron en Benarés, la vista de los diminutos pies de un bebé, flotando al lado de su barca, y que habían echado al Ganges. Ellos no sabían qué era, pues no daban crédito a sus ojos. También nos manifestaron el terror de muchos, ante la idea de tener que acudir a un hospital por alguna clase de accidente o enfermedad, ya que las condiciones eran terriblemente deplorables. Para sorpresa mía, ellos vivían en una localidad cercana a Alicante, justo detrás de la casa donde vivía una de mis compañeras de Especialidad en Gemología, Elda, de quién ya les había comentado.

Llegamos a **Katmandú**, capital de Nepal. Su nombre, de origen indio, significa "me inclino ante el Dios que hay en ti". Ciudad antigua, del 900 a.C, ubicada en un valle flanqueado por las montañas del Himalaya, repleta de templos budistas e hinduistas, en su mayoría del siglo XVII, labrados en piedra o madera, pero lamentablemente, bastante deteriorados a causas de la contaminación y de los sismos. País de las diosas vivientes o Kumaris, en cuyos cuerpos la Diosa Taleju reencarna. Niñas vírgenes que son reverenciadas y separadas de su familia a muy corta edad, pero cuyo reinado finaliza cuando le viene su primera menstruación y son devueltas a la vida ordinaria, transición bastante dura para ellas. Allí supimos que habitaba una de ellas, la Kumari Real, la más relevante en Nepal, recluida en un bello templo de madera llamado Kumari Ghar, en el centro de la ciudad. En realidad no sé si esto debería ser visto como una bendición para ellas, porque las convertían en seres aislados, que no asistían a clases, ni pisaban el suelo. Fueron escogidas por su buen corazón y por cumplir con una serie de atributos físicos y psicológicos. Su deber como Kumari es proteger a la ciudad. Es una tradición que viene del siglo XII y que aún se conserva, pese a algunos reclamos esgrimidos por representantes de derechos humanos.

Llegar a Nepal fue como entrar a un remanso de calma. País pequeño, tranquilo, limpio y agradable, donde cada quien va a su ritmo y a lo suyo, sin acosos ni tensiones. Muy influenciado en su gastronomía por tibetanos y japoneses, por lo que estuvimos en un verdadero vergel culinario en esos días. Había rebajado más de 4 Kgrs, porque me costaba bastante comer en India, dadas las graves condiciones de insalubridad imperantes, conjuntamente con esa pestilencia penetrante que revolvían el estómago más férreo. Sólo en ciertos restaurantes de calidad, muy escondidos, localizados a través de nuestra guía de viaje, fue que pudimos alimentarnos un poco más confiados.

Caminamos entre el laberinto bien delineado de sus calles, acompañados de ríos de agua de lluvia, a las tiendas que ofrecían por doquier piezas hechas a mano, de un gusto exquisito. Juegos de ajedrez en gemas, budas tallados en sándalo, orfebrería en plata, perfumeros en cristal y una gama ancestral de inciensos sabrosos y medicinales, extraídos de las maderas y resinas más selectas como la de agar, sándalo, mirra y variados aceites, entre otros. También la droga se ofrecía a los turistas de manera disimulada. De hecho, un muchacho se acercó a mí, portando una especie de sobretodo, que abrió subrepticiamente a mi lado. Yo no sabía qué era lo que me mostraba. Terminó siendo un verdadero arsenal de alucinógenos de todo tipo. Al decirle que no estaba interesada, se retiró tan rápido como apareció.

Nos dirigimos a la estupa **Bohudhanath**, a 10 kms de Kadmandú, antigua ruta comercial del Tibet. Era una construcción sagrada budista, predominantemente blanca y dorada, simétrica y perfecta, que resaltaba entre todos los edificios circundantes y en donde cada elemento tenía un significado preciso. Se utilizaba para guardar reliquias y simbolizaba la mente iluminada de Buda. En su cima, se veían dibujados de manera muy llamativa, unos enigmáticos y coloridos ojos rasgados del Maestro, que miraban hacia los cuatro puntos cardinales. Al entrar, se localizaba una amplia plaza rodeada de tiendas, que vendían objetos muy curiosos, como rosarios, mandalas y dijes. Las banderas de plegarias de matices variados, eran movidas por el viento, en un espectáculo hipnotizante. La estupa, vista de abajo hacia arriba estaba conformada por un nivel inferior, de forma cuadrada, simbolizando la tierra; una gran cúpula, representando el agua; una torre cuadrada con los ojos de Buda significando el fuego; una pirámide de trece niveles aludiendo a las fases antes del nirvana; y en el tope, una corona en forma de sombrilla, que encarnaba el vacío más allá del espacio.

En sus cercanías, se encontraban muchos monasterios o gompas e ingresamos a uno de ellos. Pululaban los monjes con cabeza rapada, envueltos en mantos amarillos o rojos, y uno de ellos comenzó a seguirme por un largo trecho. Cuando me detenía a verlo, aparecía en su rostro una gran sonrisa, iluminada como un sol y sus ojos se reducían al mínimo, como dos líneas horizontales. Extraño voto de continencia... ¿acaso escogido o impuesto? Es imposible que dejemos de apreciar la belleza y de que alguien nos guste. Siempre he entendido la castidad como un hecho anti natura y quizás por ello, es que surjan las desviaciones y los deseos insatisfechos, aunque en ciertas religiones se vea la abstinencia, como un signo de purificación. En realidad, me atrevería a decir, que es una señal inequívoca de supresión obligada, por lo que muchos de sus practicantes optan como en la católica, el proporcionarse algún castigo corporal como la flagelación, o incurrir en la pedofilia y el sadismo, para aplacar sus deseos instintivos que han sido reprimidos y que se convierten en malsanos.

Cayendo la tarde, todo se impregnaba con un dejo de espiritualidad, creada por la atmósfera intangible con la repetición de mantras, los olores placenteros de las gomorresinas aromáticas mezcladas con el aroma de las velas de mantequilla, las vibraciones del giro constante de las ruedas de plegarias, que se accionaban con la mano derecha, mientras se caminaba en el sentido de las agujas del reloj. Con la mano izquierda se sostenían los rosarios budistas, mientras los hábiles dedos iban pasando una a una la redondez de sus cuentas. Todos los creyentes en ese lugar, pudimos convertimos en uno, al momento de elevar las oraciones a un sólo Dios, sin importar en quién creíamos.

Viajamos a la zona este de Kadmandú, para visitar el templo hinduista de **Pashupatinah** en honor a Shiva. Ubicado en las riberas del río Bagmati, era el más antiguo de Kadmandú, y uno de los más relevantes del mundo. Su pagoda contenía al shivalingam o falo de Shiva, que era una piedra sagrada de sanación en forma de pene. No dejaba de ser curioso, que se le enalteciera y se le honrara, mojándolo en esa agua fluvial sagrada, tocándole campanas, regalándole flores, colocándole guirnaldas y lamparitas de aceite. Este lugar, me trajo la imágen vívida de Benarés, por su ritualidad manifiesta. Fuimos a su sitio de cremaciones y a varios templos, algunos dedicados a desarrollar algo muy raro, personas que pueden que levantar hasta 50 kgrs con sus penes, supongo que influenciados por esa corriente espiritual que honra el de Shiva, pero sin presenciarlo.

Hicimos también un paseo en canoa, que resultó muy relajante. Nos acostamos en su piso y mientras navegábamos disfrutando de ese inmenso y límpido cielo, se nos ocurrió jugar ese pasatiempo de niños, tratándo de reconocer una forma consabida, en cada nube que se conoce hoy como pareidolia.

Fuimos también a **Bhaktapur,** o Ciudad de los Devotos, que fue capital de Nepal desde su fundación en el siglo XII, llena de impresionantes templos muy antiguos, de terracota con columnas en madera tallada, y con una vista hacia los Himalayas, muchos de ellos, dedicados a la Diosa Kali.

Regresamos a Katmandú para disfrutar nuestra última noche antes de retornar de nuevo al aeropuerto de Delhi y proseguir a nuestros países respectivos. Allí nos leyó la mano un monje tibetano, hicimos nuestras últimas compras de saris y recibimos otro aguacero. Nos fuimos a cenar, y en ese momento, después que el camarero nos sirvió, se nos acercó y no resistió su impulso de tocar los rizos de mi cabello, para luego hacer lo mismo con los de mi compañera. Al principio, nos quedamos pasmadas, pero después no paramos de reír, al entender que su interés real radicaba en descubrir el misterio, de cómo dos chicas tan diferentes, una rubia y otra morena, que tenían el cabello ensortijado de manera natural, coincidieran en su restaurante y poder tener la oportunidad de saciar su curiosidad. Parecía que era la primera vez que lo podía contemplar de manera presencial y doble, en un país donde todas sus mujeres eran de pelo lacio.

Al regresar a Delhi, me entró de nuevo esa sensación de angustia que percibí desde el primer día. Xica partió primero, y yo, unas dos horas después, que por cierto, me parecieron eternas. La gente tenía que esperar un rato afuera, y pasar sólo cuando el vuelo estaba próximo, comprobado con boleto en mano. Si mal no recuerdo, había que pagar para poder ingresar y disfrutar sentados de un poco de calma, en el terminal aéreo. La rareza no se hizo esperar, y una pareja con niños, abrió sus maletas para guindar toda su ropa mojada en los respaldares de los asientos. Al fin despegó el avión, y adivinen qué, me toco un señor bastante gordo en el puesto contiguo, que se quitó los zapatos, y montó sus pies en el asiento, como si estuviera en cuclillas. Bueno, eso fue la guinda que coronó mi despedida…

La experiencia vivida en India fue demasiado dolorosa y profunda. Me imaginaba un país muy espiritual, por toda la propaganda machacada hasta el cansancio al respecto, pero en realidad no fue así. Quizás en un pasado lo sería, pero estando allí, me convencí que su población no era más creyente que la de otros países, a pesar de sus santones, ashrams, gurús, fakires, y de tantas sectas religiosas o escuelas que impartían enseñanzas de yoga y meditación y su multitud de dioses. Pude sentir que esa sensibilidad mística interior no nace afuera, sino desde adentro, a partir de un nivel más elevado con el cual eventualmente, hacemos conexión mediante un largo trabajo íntimo. Sólo a través del cambio originado por el sufrimiento, es que podemos comenzar a ser conscientes. Esto se evidencia a través de cada acto que ejecutamos en la vida diaria y no recluidos en un templo, tratando a los demás como quisiéramos que nos trataran a nosotros mismos.

Nunca había experimentado un golpe tan certero en mis entrañas, hasta que vi tanta miseria junta ni me había empapado tantas veces seguidas con la lluvia de los monzones. El verdadero rostro de la India lo conocí en sus calles, mercados, sitios de culto, dolor, suciedad y costumbres, fuera de esa burbuja de cristal confortable que nos ofrecen en forma de paquetes turísticos, para que nos restrinjamos a estar en los lujosos hoteles y ashrams, y conocer exclusivamente, lo que quieren mostrarnos. India es un país con una arquitectura envidiable y un pasado glorioso. Fue ocupada por los ingleses desde el siglo XVI hasta 1947, cuando fue separada de Pakistán. Vinieron atraídos por sus valiosas especias, piedras preciosas, textiles de algodón de la más alta calidad, plantaciones de índigo para sus lograr sus tintes e innumerables riquezas más. Ocuparon ese territorio con el único propósito de explotar todo lo que podían, sin dejar nada a cambio que valiera la pena. Lo único que donaron a parte de la indigencia galopante, fue una vieja infraestructura vial de ferrocarriles, no para beneficiar a la población, sino por su acuciante necesidad de agilizar el desplazamiento de sus tropas y como medio de transporte barato, para expandir su pujante comercio. Les impusieron a una tal reina Victoria como emperatriz de India en 1876. Su racismo, irrespeto e ignorancia, frente a ese complejo sistema de castas y religiones henoteístas de sus nativos (creencia en un sólo Dios representante de otras deidades menores como si fueran una única y unitaria esencia divina), hicieron de este pueblo algo incomprensible para ellos. Los utilizaron como sirvientes, por considerarlos menos aptos, aunque muchos no tuvieron empacho en engendrar hijos mestizos con ellos.

Es deplorable constatar una vez más, que los europeos se han impuesto en muchos países, con su insaciable afán de conquista y creencia falsa de superioridad. Extrajeron las riquezas de otros, tal como lo hace una planta parásita y venenosa, que chupa lo nutritivo de un árbol frondoso hasta llegar a su médula y secarlo por completo. Ese sometimiento se produjo ante su poderío militar y no por haber sido más inteligentes o capaces. ¿Hay alguna excusa para ello? ¿es ético privar a un país de sus recursos, y convertirlo en mendigo para pretender ser un "imperio o potencia desarrollada", sin importar cómo? Desafortunadamente, India por su parte, ya venía arrastrando un complejo sistema de castas o estratificación social hinduista, hace más de 2500 años, que se basaba también en el racismo. Este fue otro aspecto que me conmocionó. Dependiendo del color de la piel, se le adjudicaba a cada casta, una parte del cuerpo del Dios Brahma, del cual se supone que surgieron. Apareció entonces la división, desde la más alta (los de piel más clara) a la más baja (los de piel más oscura) en: brahmanes (sacerdotes y maestros, nacidos de la boca de Brahma); chatrías (soldados y políticos, provenientes de sus hombros); vaishias (comerciantes y artesanos, originados de sus caderas) ; shudras (siervos, esclavos, campesinos y obreros, nacidos de sus pies) y los dalits o intocables (parias), que no se incluyen en los anteriores, por ser la casta más baja, a la par de los perros, porque no nacieron de Dios. Son los que están obligados a realizar los trabajos más sucios y denigrantes, al igual que sus padres e hijos, como recoger excrementos humanos con las manos, la basura, limpiar los baños. Sin ánimo de juzgar su sistema, y pensando en esos seres tan maltratados denominados intocables, pertenecer a su grupo es una condena de por vida, ya que son repudiados y excluidos violentamente de la sociedad, sin poder aspirar nunca, a otra oportunidad de estudio o trabajo diferente, que pudiera sacarlos de esa pobreza extrema. Quizás la reencarnación sea la única esperanza para ellos, de poder pertenecer a una casta más elevada en su otra vida, aliciente que le permite sobrellevar esa pesada carga de estigmatización, por "razones" inhumanas inentendibles.

Lo interesante de esto, es que en occidente se considera al hinduismo como una religión politeísta o conformada por varios Dioses, y en realidad es henoteísta, donde se idolatra a un sólo Dios con diferentes personalidades, las cuales se presentan a la gente, en una forma de dioses subordinados a Él y que se consideran sus hijos, con el fin de guiar e instruir la mente humana, incapaz de captar a un ser tan inmenso.

El sistema ferroviario al parecer, jamás ha sido modernizado por falta de recursos, pero a pesar de ello, es el transporte imprescindible para todos sus habitantes, que viajan apelotonados, sin poder moverse, y los más, guindados o montados en el techo del tren, después de esperar largas horas en estaciones caóticas y abarrotadas. Esto ha creado una promiscuidad que incentiva al abuso, por lo que se han implementado ciertos vagones para el uso exclusivo de mujeres. Otro buen servicio que se le dio en el pasado en tiempos de

Gandhi, fue el de transportar a su gente en la etapa de descolonización, para poder lograr la ansiada unificación de India.

A pesar de su pobreza, las mujeres se mantenían hermosas, ornamentadas y dignas, con sus saris impecables, cuyo ruedo no parecía ensuciarse. En contraste a esta exiguidad, vi muchas joyerías repletas de prendas de oro, con laboriosos trabajos en filigrana, en donde las señoras pudientes las compraban, como símbolo de su estatus.

Las mujeres, en un gran porcentaje de países del mundo, han sufrido la discriminación y el abuso por parte del sexo opuesto, que aún no ha aceptado su valor e importancia en la sociedad. Antiguamente una mujer que enviudaba, se tenía que inmolar arrojándose a la pira funeraria de su marido, porque era ésta, la única prueba inequívoca de su fidelidad, virtud y lealtad hacia él. El hecho de que ellas murieran después de su esposo, siempre fue considerado como sospechoso y se impuso la "justicia" obligándolas a cumplir voto de castidad, y cuya única promesa era compensarlas "con su ida al cielo en la otra vida". Este acto insensato se conoce como sati, y fue abolido en 1829 por William Bentinck, por lo que mereció un punto a su favor, y lo incluyo como la excepción de los ingleses mesurados que confirma la regla. Esta prohibición aún hoy en día, en ciertos casos ha sido ignorada, y se continúa realizando esta mala práctica en zonas rurales. Por otra parte, el hecho de quedar viuda, implicaba ser repudiada y señalada, con una marca de ceniza en la frente. A partir de ese momento perdían todos sus bienes, eran expulsadas del hogar por los familiares políticos o hijos, por considerarlas una carga. Esto expone a la luz, una vez más, que la mujer ha sido sometida desde todo punto de vista, en los distintos lugares del mundo. Ha sido cosificada como botín de guerra, se les ha impedido figurar, reteniendo sus descubrimientos científicos o adjudicándoselos a los hombres, para hacerla quedar como una sombra, sin brillo propio, siempre detrás de lo masculino, llámese seglar o religioso, científico o ignorante, rico o necesitado.

¿Se puede hablar entonces de pobreza extrema en países de América? Lo dudo realmente. En India pude conocer a través de su gente, lo que es realmente el hambre, vivir, dormir y morir en las calles, sin ropa, sin calzado, sin asistencia, a la buena de Dios, implorando unos céntimos, esclavizados por el trabajo excesivo o por su casta. ¿Qué clase de mundo es éste, donde tantas personas fallecen por la falta de sustento, sin poder cubrir sus necesidades básicas, mientras que otros pueden vivir en la opulencia a expensas de los recursos que les roban? ¿acaso los pueblos débiles deben ser despojados de los objetos que son parte de su cultura, para ser subastados impunemente o exhibidos en los prestigiosos museos como el británico y el del Vaticano, en donde aún hoy, se siguen cobrando entradas onerosas para poder acceder a verlos? ¿Qué clase de cristianismo se profesa, donde nada de esto nos conmueve? ¿Porqué lo esencial e imprescindible deja de ser noticia y se antepone lo fatuo y lo vano? ¡Hasta dónde hemos dejado de ser humanos para transformarnos en autómatas que han perdido la sensibilidad y solidaridad con todos los seres que nos rodean en este planeta? Dejemos que cada país sea dueño de su destino y que pueda gozar libremente de los recursos que la Naturaleza tuvo a bien brindarles, sin impedir su desarrollo que por ley natural le corresponde.

GRECIA
(2006)

En el 2006, me fui a Grecia, y en un tren, conocí a Eleni, quien me visitó años después en Viena y pude devolverle parte de lo que ella compartió conmigo en **Athenas.** Fuimos a la Acrópolis, y al Partenón, y nos sentamos esa noche, a charlar, cenar y tomar vino, compartiendo esa hermosa vista e iniciando una íntima amistad que nos hizo muy cercanas.

Dos días después, reanudé mi trayectoria, esta vez hacia el norte, llevando conmigo ese exquisito pan de aceitunas negras amasado con aceite de oliva, para comer en el camino hacia la inexpugnable **Meteora.** Caminé como alma en pena, en esa zona brumosa y subí a muchos de sus monasterios, situados en el cenit de sus altos pináculos de arenisca. Inicié el ascenso por unas interminables escaleras, que parecían conducir al mismo cielo, y que antiguamente no existían. En los claustros quedaban muy pocos monjes residentes, de la orden cristiana ortodoxa, que vivían un poco menos aislados que sus antecesores. Antiguamente, si querían bajar o subir, tiraban desde lo alto, una escalera de cuerda, y para surtirse de alimentos, una red que elevaban a pulso, por una pared vertical de unos 600 mts. De solo pensarlo, me daba vértigo. A esa sensación se le añadió la recibida al entrar, en donde un aspecto lúgubre y húmedo abarcaba por completo la sala de oración con una impresión inquisidora, dada por la rigidez solemne de los tronos con apoya manos, en forma de garras de bestias, donde se sentaban a confesar su día a día. Sentí que esta disposición de los asientos en forma de semi-círculo, se hizo con el objetivo de que ninguna mirada pudiera escapar y que la herramienta tan empleada del temor, doblegara al más valiente. El lúgubre fondo de pared, representaba los tormentos más oscuros del fuego eterno, en mustios colores verde botella, vino tinto y negro y unas diminutas pinceladas de dorado, para las desdibujadas aureolas de las santidades atormentadas. Las monstruosas gárgolas de demonios alados, se asomaban insistentes en el quicio de las ventanas. En la entrada del algunos monasterios, habían cuartos donde exhibían montones de huesos y calaveras, superpuestas o cruzadas, al estilo de las banderas de piratas, pero organizados metódicamente, con esos restos de los antecesores que veneraban. Reinaba un ambiente de poca luz, que provenía sólo de los delgados cirios de cera, que se disputaban débilmente su lugar con el horror, para tratar de lograr un efluvio tranquilizador aunque fuera de manera momentánea.

Otros monasterios eran de monjas, en abadías donde cumplían como presidiarias voluntarias sus votos de silencio y castidad, cuya mirada permanecía clavada en el suelo como un oxidado puñal e iban vestidas de negro de pies a cabeza, —y que por cierto, no se diferenciaba en nada, de la vestimenta de una musulmana, pudiendo ser inclusive, esta última, menos austera— Ese paisaje natural inolvidable que les rodeaba, constituía el único consuelo para sus ojos que sólo podían disfrutar, en los escasos días despejados.

Culminé esa travesía griega, en la Islas de **Santorini y Naxos**, donde el clima, no ayudó para nada. Hubo muchas lluvias torrenciales y vientos huracanados y los ferrys suspendieron sus servicios, sin esperanza de reanudarlos brevemente. Así que tuve que quedarme varada, enclaustrada en mi habitación, esperando a que los Dioses Zeus y Poseidón, se apiadaran de mí y me permitieran volver a tierra firme, para tomar ese legendario tren, llamado Oriente Express, hasta mi amado Estambul.

Pude con este viaje a Grecia degustar más de su historia antigua. Pisar sitios tan emblemáticos como el

Partenón, hecho en el 432 a.C, (o lo que quedaba de él), ya que en pleno siglo XIX, el embajador británico Thomas Bruce Elgin, decidió sustraer la mayor parte de la decoración escultórica y venderla al Museo Británico, donde permanece junto a tantos tesoros patrimoniales ajenos, despojados a la fuerza o con patrañas, a sus verdaderos dueños. Fue como retroceder en el túnel del tiempo y vivir esa majestuosidad geométrica perfecta, creada por Fidias, para honrar a la diosa pagana Atenea.

Aún con el regocijo de mis pupilas ante la belleza de su singular orografía de Meteora, me sentí realmente desconcertada, por el impacto de todo lo que experimenté con la religiosidad cristiana, en su austeridad, temor, castigo y aislamiento. Esto reafirmó ese sentimiento del porqué desde hacía tanto, me había alejado de la iglesia católica. Siempre he estado convencida que no es por el temor a ser castigados, que se gana un alma, sino desarrollando conciencia. Eso me trajo a la memoria, en el colegio de monjas carmelitas donde estudié mi secundaria, todas las misas oídas de manera obligada cada mañana antes de entrar a clases; la asignatura religión donde tuve que "aprender y entender" con 13 años, de boca de la Directora, "que no había que masturbarse con plátanos o velas"; las vejaciones aplicadas a las niñas huérfanas que utilizaban para hacer la limpieza, vestidas de andrajos y sin darles tiempo de jugar o estudiar; los ruedos deshechos en medio de las filas del patio como castigo ejemplarizante para avergonzarnos por mostrar las rodillas y enviarnos en ese estado deplorable a casa; el horrible uniforme de gala, que parecía un disfraz mal diseñado a propósito: jumper amarillo mostaza, blusa crema manga larga, zapatos de patente negros como espejos y medias largas que no dejaban ver ni un cm de piel expuesta, —un verdadero bodrio hecho realidad—; el agravio recibido por rebelarse contra la decisión de no elegir a la Directora como madrina de promoción, quien se auto nombró a la fuerza, no sin antes, despotricar exponiéndonos al escarnio público con la frase: "no se puede echar perlas a los cerdos" para referirse a las alumnas, las rebeldes atrevidas. Las monjas Carmelitas "Descalzas" del colegio donde estudiábamos, siempre recibieron lo mejor: cajas de buen vino y comida, que se apilaban en torres que dejaban en la entrada, y un chofer impecable y sumiso, asignado para cuando le ordenaran llevarlas en alguna de sus lujosas camionetas…Por mucho tiempo aborrecí ir a misa, y sólo la arquitectura noble de una iglesia, pudo lograr que entrara nuevamente. Tiempo después, fui procesando de manera consciente, que no permitiría que experiencias bizarras de un grupúsculo marcaran mi vida, y poco a poco fui flexibilizando mi postura, sobre todo, en las múltiples ocasiones que he decidido estar a solas, en esos recintos de paz y de oración, que no saben de mezquindades humanas, e incluso, pude recibir la comunión de una manera diferente, como una manera más de conectarme con mi Creador, sin intermediarios.

Preferí quedarme con la visión griega de sus peculiares casas inmaculadas y del apacible mar Egeo, bordeando las islas volcánicas Cícladas, de Santorini y Naxos, esta última, según la mitología griega, refugio de Teseo, después de matar al Minotauro, mitad hombre, mitad toro, lo que me ayudó a vencer al igual que él, los monstruos propios y encontrar una salida a mi laberinto personal. Decidí irme desde Athenas en tren a Estambul, diez años después de haber estado por última vez en Turquía.

TURQUÍA
2do viaje (2006)

En verdad había quedado prendada de Turquía. Fue amor a primera vista, tan pronto pisé su tierra desde ese primer encuentro, en donde me pareció tan cercana, tanto como si fuese mi propia tierra. Esta vez que regresé, lo hice con el mismo deseo intenso de seguir conociendo más de sus secretos.

Esta era mi segunda vez en **Estambul**. De igual manera, me conmovió el volver y mis ojos se humedecieron tanto como ayer. Estaba algo cambiado, quizás comenzaba a ser una ciudad más moderna de cómo la recordaba, pero seguía siendo única. Tenía poco tiempo para recorrerla, y sólo pude estar allí dos días de los cinco disponibles. De nuevo, fui a mi citas infaltables con el Gran Bazar y las Cisternas. En menos de una semana, tenía que regresar a Atenas para tomar mi vuelo de regreso a Venezuela, por lo que escogí conocer un lugar nuevo: **Pamukkale.**

Compré un paquete con hotel y comida desde Estambul, el cual resultó un fiasco, ya que el hotel asignado tenía un insoportable olor a humedad, que desprendían las alfombras. Tuve que pedir cambio de habitación, y a regañadientes, el encargado accedió, a pesar de estar vacío. Todo esto se compensó con el portentoso recorrido hasta sus termas y el merecido descanso frente a sus escalonadas piscinas naturales de caliza blanca, pero llenas con la cuarta parte de esa agua turquesa que mostraban en las postales. Ese día, el lugar, fue sólo para mí. Me senté por horas a contemplar esa especie de paisaje lunar, tan fresco y calmo, donde puede meditar, mientras mi pecho se expandía con la brisa, que de tan pura, sentía que no la podía aspirar. En eso, aparece inesperadamente un tour de turistas franceses, y uno de ellos vino directo a mí. Para mi sorpresa, se arrodilló como en los tiempos de los caballeros antiguos y me besó la mano, mientras me hablaba en su idioma, en donde el azul profundo de sus ojos me impidió rechazarle. Al poco rato, se despidió, dejándome una impresión inolvidable a pesar de la brevedad del encuentro...

Conocí a una familia muy agradable que me invitó a tomar té y comer algo. Un sitio humilde, y muy cálido, tanto por su gente, como por su cocina a leña. Compartimos con intensidad ese momento, y seguí mi camino, profundamente agradecida por estos regalos invaluables.

Ya había contactado a mi amiga Betigûl, quien venía en camino desde Konya, para encontrarnos después de 10 años. Mi corazón no cabía de gozo al verla de nuevo. Ella había pedido un permiso de tres días en el hospital donde todavía laboraba como neuróloga. Resultó un momento muy emotivo, al poder experimentar de nuevo, ese sentimiento de amor que no se había borrado ni un ápice, ni por el tiempo ni por la distancia. Habíamos tenido el cuidado de cultivarlo y acrecentarlo por años, a través de correos electrónicos o llamadas, desde cualquier parte del mundo. No había perdido la costumbre de querer protegerme, y una vez más, intentó pagar mi estadía, pero esta vez, no le fue posible pues ya todo estaba cancelado de antemano. Nos dedicamos a pasear por sus históricas ruinas, a contarnos nuestras experiencias vividas, y una vez más, nos despedimos, para volver a nuestra rutina, algo melancólicas ante la incertidumbre, de cuándo nos volveríamos a ver. Yo me fui un poco después, del hotel, y al abrir mi cartera, me encontré con la sorpresa de un billete de 100 euros, como obsequio camuflado, porque sabía que de otra forma, no se lo aceptaría.

En este segundo viaje, a pesar de lo corto e inesperado, me permitió conocer ese lugar de ensueño llamado

Pamukkale, con sus atrayentes geotermas que originaron este singular relieve escalonado el rocas travertinas blancas, caminar entre las ruinas de la Hierápolis, construida en el año 190 a.C y sentarme en las gradas de su teatro. Este pedacito de historia y geología aunado a la compañía de Betigûel, me hizo comprobar una vez más, que no sólo los hermanos de sangre existen, sino los que nos da gentilmente la vida sin esperarlos.

Tomé el tren de regreso a Atenas, con la maleta a rastras desde la estación, y al llegar al hotel donde tenía mi habitación supuestamente reservada, me llevo la desagradable noticia que estaba ocupada, por lo que me tocó hacer un largo periplo buscando donde quedarme llevando a duras penas mi bendita maleta. Eran como las 10,30 pm y el cansancio me vencía. Estuve a punto de abandonarme en un banco de plaza como la propia mendiga, cuando vi un pequeño hospedaje. Afortunadamente la sonrisa y la calidez de la señora que me atendió, balanceó la situación y me salvó. Al día siguiente en la noche, retornaría a Venezuela.

TAILANDIA, VIETNAM
Y CAMBOYA
(2007)

En el 2007, después de cinco años en ardua batalla que mantuve cada semana, insistiendo para cobrar mi liquidación ante mi ente empleador, el Ministerio de Educación, que me la adeudaba desde hacía 5 años atrás, pude al fin conseguirlo. Fui Profesora de Ciencias de la Tierra, hasta el 2002, con 40 horas de clases, distribuidas en tres liceos oficiales, dos diurnos, y uno nocturno, ubicados en zonas de bajos recursos, que acepté sin pestañear, con el firme convencimiento de que era allá donde se podían hacer los cambios radicales necesarios para que los jóvenes se atrevieran a aspirar a tener un mejor modo de vida. Muchos de ellos sufrían maltratos físicos, pasaban hambre o eran violentados incluso por sus mismos padres o familiares, por lo que era una tarea ardua. No confiaban en nadie y se convertían en agresivos rebeldes, por lo que había que tratar de devolverles su autoestima perdida. Volver a creer en ellos mismos y en los demás, no era una misión fácil. Para ello, había que tener verdadera vocación, y sin lugar a dudas yo la tenía, pues mi deseo no era sólo darles unas horas de clases, sino propinarles atención, ayuda, apoyo y amor, para romper con ese círculo vicioso, mostrándoles en la medida de lo posible, un ejemplo diferente, así como el hecho de inculcarle valores, ya que sus padres por falta de tiempo, interés o educación, lo hacían muy raras veces.

Recuerdo que cuando me designaron para trabajar en el Liceo "Miguel Antonio Caro", entré fascinada viendo su señorial estructura colonial, sus lámparas, sus cuidados jardines y su vegetación circundante. Era una casona antigua bellísima, en donde siempre había anhelado estar. Era mi primer día de clases y me dirigía a conocer a la Directora. En ese momento, ella estaba en uno de los pasillos, rodeada de alumnos y yo me acerqué a ella. Antes de que pudiera presentarme, ella se me adelantó increpándome por no vestir el uniforme reglamentario, al confundirme con una alumna más, mientras los muchachos se reían a carcajadas. Así sería mi cara de veinteañera asustada... Amaba a la Escuela, a mis muchachos, y todo lo que hacía. Fue un verdadero regalo graduarme en lo que me gustaba y poder trabajar en ello. Esto lo disfruté a plenitud, a pesar de tantos casos emblemáticos tan complejos que aún recuerdo, y que gracias a la unión con mis alumnos, los pudimos superar.

También me vino a la memoria, uno de mis últimos días de clase. Siempre creí que un profesor no se podía limitar solamente a la asignatura que dictaba, sino que era su deber como individuo, expandirse a otros ámbitos que eran parte del proceso formativo. Hubo de mi parte, asignación extra de lecturas y planas, para que con la repetición de las palabras, pudieran aprender a hablar con propiedad y escribir sin errores ortográficos, ya que estaba convencida que "los límites de tu lenguaje son los de tu mundo" y te hacen menos vulnerable y manipulable. Propiciaba además, charlas amistosas con ellos y con algunos padres, que me permitían conocer sin intermediarios, sobre su vida diaria, su núcleo familiar, entorno, costumbres, gustos. Quise inculcarles un toque de arte y belleza, en cada cosa que les rodeaba o que hacían, de la cual muy poco sabían reconocer en un medio tan hostil donde vivían. La fama de nuestro Laboratorio de Ciencias de la Tierra circulaba de manera positiva, de boca en boca, tanto en el alumnado como en los profesores, por nuestras impresionantes colecciones de rocas y minerales, clasificados, ordenados y exhibidos de manera impecable.

Era un trabajo conjunto, donde los muchachos las recolectaban como trabajo final, las donaban al Liceo, y las colocaban cuidadosamente después de sacarle brillo con esmero, a los estantes de madera, de una antigua vitrina de más de dos metros de alto, para exhibirlos llenos de orgullo. Se hicieron merecedores y responsables de preservar su legado, guardándolo bajo llave, satisfechos por el gran trabajo realizado. Les enseñé a respetar, amar, cuidar a los libros e investigar en ellos, y entre todos, hicimos una colecta para donar varios a la biblioteca, en donde siempre pudieran tener acceso a ellos y beneficiarse todos. El castigo por romperlos o rayarlos, era reponerlo con otro, condición sin ecuanon, o como decimos coloquialmente, sin derecho a pataleo, sin importar si se identificaba o no al infractor, por lo que entre ellos mismos velaban de manera celosa por su preservación.

Decidí llevar a cabo, además de los pequeños trabajos de campo que hacíamos por el parque para experimentar directamente las vivencias de aire libre, una salida para los museos de Bellas Artes y de Ciencias Naturales. Cuando vi sus expresiones de máxima felicidad y sorpresa, a través del recorrido, supe que casi ninguno de ellos, en sus 17 años de edad promedio, habían ido con anterioridad. Con este paseo educativo, para ambas partes, nos sentimos recompensados con creces. A pesar de los malos augurios de los otros profesores sobre su casi seguro mal comportamiento o huida, y de su temor a apoyarme por estos "motivos", donde al final accedieron, pudieron cerciorarse por sí mismos, que no siempre lo que creemos ver en otros, es. Los chicos les dieron un verdadero ejemplo de disciplina y orden, ya que su atención se centró por completo ante lo nuevo que observaban, que a fin de cuentas disfrutaron tanto, que sé que nunca lo olvidarían.

Mi renuncia total y definitiva, la hice muy a mi pesar, motivada por el ofrecimiento de un nuevo cargo en el Ministerio de Energía y Minas. Mis principios me impedían ejercer en dos lugares a la vez, ya que sentía que no podía darles a ambos trabajos, la misma calidad ni tiempo de dedicación, aún sabiendo que podía seguir impartiendo mis horas nocturnas sin infringir nada, porque era algo aceptado, legal y compatible. Sin embargo, quise dedicarme de lleno a ejercer mi Especialidad de Gemología, de la cual me sentía muy orgullosa por los logros académicos ya obtenidos, y porque significaba un gran reto, en un campo nuevo muy interesante para mi espíritu inquisitivo y científico, que me motivaría a seguir descubriendo y aprendiendo, dejando atrás mi zona de confort en el ámbito educativo, que tan bien conocía y manejaba a la perfección.

Acepté recibir ese pago irrisorio que al fin obtuve por mi renuncia, después de habérmelo planteado como una cuestión de honor y poder cobrarlo sin importar el monto. Vencí el sabor amargo de tanto tiempo perdido en las oficinas, llevando papeles inútiles una y otra vez, ante el juego desgastante de una burocracia innecesaria y vejatoria, que quería imponerse cuando se exigía lo que nos correspondía por derecho y por ley. Tampoco me parecía justo el tirar por el caño, todo mi esfuerzo de tantos años de docencia que cumplí con ética a cabalidad. Esos innumerables sinsabores decidí transformarlos en una experiencia estupenda, pensando en mis placenteros años cuando impartí clases a mis queridos alumnos. Décadas después, muchos de ellos se me acercaron al reconocerme, saludándome con respeto y cariño, ya hechos unos adultos al parecer completos, pudiendo constatar que mis esfuerzos no fueron en vano. Recogí el fruto de lo que sembré, viendo su transformación, convertidos en profesionales exitosos y de bien, algunos, inclusive, en campos afines a la Geología. No aré en el mar y con esa satisfacción plena, decidí comprar con ese dinero recibido, mi boleto hacia Tailandia, la mística Siam del ayer, después de convencer a María, mi buena amiga y ex compañera de trabajo, para que viajara conmigo a esa tierra tan distante.

TAILANDIA

Para María, era su primer viaje lejano, pero para ambas por igual, la emoción no nos cabía en el pecho ante ese destino tan inusual. Yo había hecho amistad con Sahampan, un tailandés, desde hacía meses atrás, vía internet, y quedamos en encontrarnos al momento de nuestra llegada. Efectivamente, nos esperó en el aeropuerto de Bankok, que ya de entrada, nos dejó deslumbradas por su suntuosa decoración asiática, de dragones dorados apoderándose de todo.

Samadaman, como lo conocí inicialmente, era un hombre menudo como espiga tostada al sol, gentil en su trato, de pocas palabras y sonrisa limpia, esa que viene desde el corazón. Nos había reservado para esa primera noche una habitación en un sencillo hostal, que desde que entramos, no sabíamos en dónde fijar los ojos. Habían dos futones donde dormiríamos, sobre un pulido piso de madera, y eso nos gustó. Su ornamentación era sencilla, con dos curiosos cojines en forma de asiento triangular, hecho de rollos forrados de telas muy vistosas y sedosas al tacto. Las cortinas blancas bordadas estaban rematadas en sus bordes con un elaborado tejido, acompañados de una lámpara blanca con florecitas de colores sobre las dos mesas de noche, y una mesa extra, redonda, acompañada de una estilizada jarra de agua y sus respectivos vasos de cristal. Toda la habitación tenía un leve aire francés. Las paredes estaban recubierta de una lustrosa madera, que parecía una continuación del piso. Al salir, las exuberantes plantas escondían un gran tesoro: nos ocultaban un columpio artesanal, en donde en seguida, nos sentamos a mecernos como niñas…

Salimos a conocer a **Bangkok,** esa apasionante y extensa ciudad cosmopolita tan viva, que parecía no dormir nunca, y cuyo nombre significa "aldea de la ciruela silvestre". Allí visitamos varios templos con budas dorados gigantes, fuimos a comer en los mercados populares donde todo se preparaba al instante, y visitamos el famoso mercado flotante, el de Taling Chan, que nos dejó embelesadas. Una explosión de color se adueñaba violentamente de nuestras pupilas, mientras iban y venían barcas repletas de flores y frutas de todas las formas: chirimoyas, dragones, naranjas, lychee, granadas, cambures, toronjas, piñas... y humeantes platos, que invitaban a probarlos sin resistencia, por lo grato de su aroma. Allí compramos una especie de panquecas de maíz, parecidas a las cachapas de mi terruño, pero muy pequeñas y con un gusto algo diferente, quizás por incluir otros ingredientes. En estos canales fluviales, había un tráfico bastante congestionado y los vendedores comerciaban sin bajarse de sus canoas. Era algo fascinante, digno de poder ser observado por horas, integrándose a esas peculiares comunidades anfibias.

Era la primera vez que acudíamos a un mercado de este tipo, creado en un pasado, por la carencia de vías terrestres, donde los ríos y canales fueron su mejor opción para desplazarse y llevar la mercancía a la mayoría de las casas, que estaban construidas en las márgenes del río. Otra similitud que nos hermanaba con los palafitos del Lago de Maracaibo, en el estado Zulia, al oeste de mi país, sin lugar a dudas.

También visitamos varios mercados locales muy bien surtidos y con ropa y accesorios de primera calidad. Ofrecían a la venta, cinturones de piel de caimán, que con el perdón de ellos lucían espectaculares, ropa y calzado que superaban en creatividad y calidad a muchas tiendas europeas, pero con precios bastante módicos, por lo general.

Fuimos al zoológico de Shamparan, donde habían majestuosos tigres sueltos, espectáculos de lucha sobre elefantes ataviados con telas brillantes, cocodrilos donde los osados entrenadores metían la cabeza en sus grandes fauces abiertas, tentando la fragilidad de su suerte. Era como tener el alma en vilo ante tamaño riesgo, ya que previamente habían sucedido muchos accidentes fatales, y no queríamos presenciar una desgracia más, ante esas guillotinas con dientes.

Interactuamos con personas de todas partes del mundo, Muchas de ellas, iban con la idea fija de atiborrarse de mucho sexo, licor, estimulantes baratos, y no de las bellezas naturales, arte, cultura u otras cosas por el estilo. En verdad, las tailandesas parecían muñequitas de porcelana, pequeñas, finas, acicaladas y con una gran sonrisa. Lamentablemente, un gran porcentaje se prostituía, ya que a pesar de ser muy poca la paga dada por los extranjeros, para ellas era una fortuna que no podrían obtener ni en un duro año de trabajo. Veías entonces esos hombres rubios y corpulentos, de entrada edad, bastante borrachos, haciéndose notar por su altanería, ordinariez y agresividad, sobre todo, ingleses y alemanes, rentando a unas casi niñas, que podrían fácilmente ser sus nietas. Su poder adquisitivo les permitía darse "el lujo" de contratarlas por una semana o más, pero el trato que les propinaban era denigrante, casi de esclavistas, lo que me hacía pensar que en realidad, el precio más alto, lo pagaban las chicas. La homosexualidad también se ofrecía a borbotones de manera muy común, complaciendo así, toda clase de gustos. La vida nocturna era curiosa por un rato, pero muy estridente y alocada por lo menos para nosotras. Con tanto de cultura y naturaleza que había por ver, no estábamos dispuestas a perder un tiempo tan valioso de esa manera fatua. Así que decidimos seguir hacia un ambiente más calmo, a la Provincia de **Krabi**.

Allí estaban las playas más espectaculares y paradisíacas, en el sur oeste del país, muy semejantes a las de mi Mar Caribe. Solitarias, con aguas de un azul asombroso, de transparencia total, rebosante de peces de colores nada tímidos, que se amontonaban para comer los dulces trozos de patilla, directamente de nuestras manos. A ese recodo del Océano Indico rodeado de macizos de roca que parecían emerger del agua como colosos de pié, sólo se podía acceder en botes. Estaban horadados en forma de cuevas marinas y los arrecifes de coral se extendían por doquier. Krabi fue refugio de piratas, comerciantes y nómadas de mar, desde hace unos 30 mil años. Estábamos embebidas en un océano sensorial...

De allí viajamos en ferry a una Isla llamada **Phuket**, un poco más movida, que la de Krabi. Fue un puerto comercial para el siglo XVI y una parada perfecta para los que buscaban refugiarse de los monzones. Nos decidimos por la playa Patong, una de las más grandes y preciosas del país, donde se practican muchos deportes acuáticos. En realidad, con sentarse a la orilla, bastaba para estar feliz. María decidió hacerse un trenzado en su cabello, y yo, un dragón tatuado en henna en mi tobillo izquierdo. La chica que lo pintó era en verdad una artista, lo hizo con gran maestría, a pulso, con sólo un pincel de cerdas muy delgadas. Lástima que se borró en aproximadamente una semana. Aquí recogí un puñado de arena con los granos más redondos y perfectos que haya visto, los cuales al parecer eran pequeños fósiles de algas.

Visitamos también a **Ko Chang**, o isla Elefante, la segunda en tamaño de Tailandia. Reservorio de fauna salvaje, era un poblado de pescadores, de aves raras y de lagartos primos hermanos carroñeros y cazadores de los Dragones de Komodo, los más grandes del mundo, de unos dos a tres metros de largo. Esta era una especie autóctona de Indonesia, pero al parecer, emigraron desde Komodo a otras playas de países cercanos. Reptiles de apariencia feroz, lengua bífida y muy peligrosos por su dentellada que infecta rápidamente a quien muerde, por la gran cantidad de bacterias que habitan en su boca y por un tipo de veneno que poseen. A pesar de todo, ningún animal pudo arrebatarle el primer lugar al hombre como el depredador más temible, por el que ni ese gran lagarto, se ha salvado de estar en peligro de extinción.

VIETNAM

Samadaman nos había contactado con unos amigos suyos que tenían una agencia de turismo. Allí dejamos las maletas, y con un morral, nos encaminamos a

Vietnam, ese alargado país asiático, hijo del Rey Dragón y de Au Co, la más bella de las hadas, ubicado en la parte más oriental de la Península de Indochina.

Comenzamos con su capital, **Ha Noi** , que significa "entre dos ríos", y que antiguamente era conocido como Than Long o Dragón Ascendente. Con marcada influencia francesa, se veían por doquier, elegantes casas antiguas de una forma muy peculiar, que vistas de frente me recordaban a esas cajitas enceradas, rectangulares y alargadas de leche líquida, que consumíamos en casa. Todo estaba rodeado de una densa vegetación tropical, húmeda y rebelde, con un arsenal increíble de motos, bicitaxis y bicicletas por doquier, pero que se comportaban muy disciplinados en eso de las normas de tránsito y de respetar la luz roja de los semáforos, proceder que me pareció muy loable, ya que en Venezuela, los motorizados se conducen como si para ellos no existieran normas, puediéndo transgredir lo que se les viene en gana, sin recibir multa ni castigo alguno.

Allí la gente estila sentarse en cuclillas, los barberos toman las calles para afeitar a otros, se cortan vegetales encima de las aceras, los vendedores llevan en su hombro la equilibrada carga repartida entre dos cestas, otros cabecean la siesta en una silla. Las motorizadas se resguardan del inclemente sol bajo sus anchos sombreros Non La, hechos de hojas de palma y varillas de bambú, ataviadas de grandes lentes oscuros, pañuelos que tapan lo poco que pudo quedar descubierto de su rostro y largos guantes protegiendo más de la mitad del brazo, todo esto, para preservar su distinguida palidez símbolo de status social, que les aleja de las trabajadoras que labran los campos al sol, y que a su vez, las hace lucir con el glamour propio de Greta Garbo.

Salimos de esa gran ciudad ruidosa, para adentrarnos de nuevo en el mar, con un singular bote de madera de varios camarotes, para pernoctar dos noches en la **Bahía de Halong**, al noroeste de Vietnam, limitando con el Golfo de Tonkin y con China. Fue una experiencia inolvidable! El capitán nos invitó a la popa para sacar unas fotos. Agarramos el timón, nos encasquetamos su sombrero, mientras reíamos a carcajadas, fingiendo llevar el rumbo. Afortunadamente era sólo un simulacro, ya que estábamos circundados por grandes peñascos de caliza, iguales a los que parecían emerger en las pinturas chinas, y que de seguro, pudimos dirigirlo a pique e ir derechito a estrellarnos contra ellos, dada nuestra inexperiencia en asuntos náuticos. Había una antigua leyenda que hablaba de cómo surgió esta muralla de rocas, producto de una copiosa lluvia de joyas y jade, que arrojó una dinastía de dragones celestiales por sus fauces. Ellos fueron enviados por el Emperador de Jade, para que protegieran sus tierras de los chinos invasores. En verdad era un paisaje de ensueño, brumoso, místico, misterioso, sobrenatural, tanto de día como de noche. Sólo tienen que imaginarse, sentados en cubierta, a la luz de la luna colmada, esplendorosa y nacarada como una inmensa perla, pendiendo delicadamente de la bóveda celeste. Todo estaba iluminado, en medio de ese espacio marino que parecía perderse en el infinito y confundirse con el cielo, envueltos en medio de un sacro silencio, mecidos por la brisa, y con la calma de un recogimiento realmente vívido.

María y yo eramos primerizas en eso de montarnos en kayak, y al intentar remar para navegar con él, se convirtió en un acto realmente cómico. Nos movíamos en círculos sin parar y no avanzábamos ni un milímetro, porque no sabíamos accionar los remos, pero a fin de cuentas, con los brazos cansados, nos entregamos a la diversión, hasta que nos dolieron las mandíbulas de tanto reir. También nos llevaron a una zona de cría de peces. Eran unas especies de jaulas marinas flotando en el mar, en forma de cuadrículas muy novedosas. Visitamos las cuevas aledañas y compramos algo de comer en unas pequeñas barcas que ofrecían golosinas, agua y algo de frutas.

Continuamos hacia la ciudad de **Hue**, antigua capital imperial de Vietnam hasta 1945 y lugar por excelencia para la estadía de los emperadores, ubicada a 10 Kms del Mar de China. Era un lugar muy agradable, en forma de ciudadela amurallada, donde predominaban los colores rojo y dorado. Era llamada Ciudad Púrpura Prohibida, rodeada de un foso, como en los cuentos de princesas, quizás con un cierto aire a la Ciudad Prohibida de Pekín, pero a pequeña escala. Habían pequeños sitios para comer, mientras se disfrutaba de la vista de ese majestuoso paisaje del Río del Perfume. Fue considerada como Patrimonio de la Humanidad. El trabajo artesanal en cuanto a detalles y utilización de cerámica azul vidriada, resaltando los dragones en las fachadas, era asombrosa. También había una serie de monumentos, pequeñas pagodas, santuarios y monasterios silenciosos, repletos de niños monjes, con túnicas azafranadas, y envueltos en un espeso halo de sahumerio. Nos movíamos entre fantásticas campanas y tortugas gigantes talladas en piedra, que al tocarlas conseguiríamos sin lugar a dudas, un buen augurio. Nos encontramos con dibujos recortados en rojo papel de seda, delicados como la misma filigrana, tañidos sanadores del gong en las pagodas, dioses de rostros temibles venidos de China, parque de bonsais floridos, gran variedad de esculturas de budas, que iban desde los estilizados a los barrigudos sonrientes, jabones perfumados tallados, que podían confundirse con las flores más bellas.

Salimos de tiendas, y descubrimos ropa muy bien diseñada y de excelente calidad, en algodón y lino. La seda abundaba, y aprovechamos de comprar unos novedosos sacos de dormir para viajar, con una funda incorporada para meter la almohada, y así quedar aislado evitando el contacto directo con la cama, con esa deliciosa sensación de entrar en una suave crisálida.

De allí, pasamos a la ciudad **Ho Chi Minh,** antigua Saigón, al sur de Vietnam. Algo caótica por ser la más poblada, pero aderezada con edificaciones estilo francés, y una réplica de Notredam.

A las afueras de esa ciudad, montamos en elefante. Fue una experiencia tan profunda como si nos las hubiesen cincelado. Mi amiga María, no era amante de los animales, hasta ese día donde todo cambió para ella. Insistí para que diéramos un paseo en lomo de uno de estos mamíferos descomunalmente tiernos. María se montó conmigo a regañadientes, en un asiento pequeño en forma de caja, rodeada de palitos que hacían las veces de baranda, supongo que para que los turistas no se fueran de boca y se sintieran algo más seguros al sostenerse de algo. Ella pretendía realizar nuestro largo paseo, con los pies suspendidos en el aire, para no entrar en conexión con esa piel viva y rugosa, hasta que la ley de gravedad hizo su trabajo. Nos asignaron una elefanta anciana, pero que seguía siendo muy ágil

Para mí, era la segunda vez que los montaba pero de igual forma, me sentí maravillada, al verme en el pináculo de este portentoso mamífero y sentirme como un grano de polen mecido por su lomo, con ese movimiento cadencioso acompasado y preciso. Apreciamos con asombro su destreza, en la forma tan cuidadosa y grácil, de bajar con sus anchas patas, por una especie de peldaños rocosos, sin perder ni por un instante, la compostura. Después de realizar un fascinante trayecto por esa zona de abundante vegetación y cruzar un río, terminamos sintiendo un vínculo visual con ese ser, logrando entender su lenguaje corporal. Esta sensación de identificación con una especie diferente a la humana, se vio aumentada significativamente, al poder interactuar con un elefante bebé, que enrolló amorosamente su trompita en mis manos, como señal inequívoca de su reconocimiento y confianza. Hubo una explosión de dulzura en nuestros pechos, y María quedó enamorada para siempre de todos los animales.

No quisimos ir a los túneles de Cu Chi, esa red subterránea empleada tanto por el ejército de militares campesinos vietnamitas como camboyanos del norte, llamados Viet Cong, quienes diseñaron esta trama tan extensa, para luchar contra el enemigo de una manera más segura. Fueron usados como hospitales, vías de comunicación, almacenamiento y transporte de suministros. La idea era la de ocultarse y poder hacerles frente a los estadounidenses, de la manera más inesperada, con el factor sorpresa a su favor, y expulsarlos de sus tierras de manera definitiva. Los primeros 48 kms de esos pasadizos fueron construidos en 1945, durante la ocupación francesa y los otros 200 kms más, durante la guerra de Vietnam. Este trabajo de hormiguitas, les dio el éxito frente a la "gran potencia".

Tanto sufrimiento y asesinatos innecesarios, inevitablemente quedaron grabados en esos lugares de tortura y en el espíritu de las siguientes generaciones. Ir a esos sitios donde ocurrieron hechos tan abominables, no los consideramos atractivos, ni debería serlos para nadie. Es como ir a un paseo a las cámaras de gas nazis en Alemania. Introducirse en esos túneles tan estrechos y con tantas privaciones y dolor, es como revivir una vez más ese duro pasado, que muchos han preferido olvidar y perdonar, para recuperar su paz.

Esta sangrienta guerra duró 20 años, desde 1955 a 1975, debido a la injerencia de EEUU al tratar de evitar la unificación de Vietnam como país comunista. En 1964 EEUU decidió bombardear a Vietnam del Norte, para imponerse por la fuerza en la región, para apoderarse de sus recursos naturales y ser un país extranjero capaz de influir en un territorio bastante alejado físicamente de ellos y de su cultura.

Dividir un país en partes, es atroz. Vietnam del Norte, comunista, con capital Hanoi, y Vietnam del Sur, no comunista, con capital Saigón, la cual fue convertida en el instrumento de EEUU. Fraccionar! esta fue la única manera que consiguieron para evitar que se conformara en un único estado comunista, aún habiendo perdido estrepitosamente la guerra...

A estos sangrientos acontecimientos les precedió años antes, la ocupación francesa, desde 1870 hasta 1954, en el sudeste asiático, y que involucró a Camboya y a Laos. Ellos la consideraban como su "Indochina francesa", pero como ironías de la vida, fueron derrotados por un vietnamita instruido en Francia, llamado Ho Chi Minh.

Y si nos vamos un poco más atrás, también fueron invadidos por portugueses, holandeses, ingleses, españoles y japoneses. Al parecer, ningún país con recursos naturales se salva de ser asediado ni invadido, por lo que no sé si considerar la riqueza de un país o su posición estratégica, una fortuna o una desgracia para nuestros pueblos.

CAMBOYA

Proseguimos hacia la ciudad balneario de Siem Reap al noroeste del Reino de Camboya, para poder accesar a las ruinas de Angkor Watt, vestigios de una serie de templos hechos en arenisca y protegidos por un extenso foso que evitó que fuesen absorbidos por la jungla, pudiendo preservarse bastante bien. Ankor Watt fue construida en el siglo XII d.C por el monarca Suvayarman II, del Reino de los Jemeres, para ofrecerla al Dios hindú Vishnú, mediador entre los seres humanos y lo divino. Fue orientado hacia el oeste, tierra de los muertos, a diferencia de los demás templos de la zona. En el siglo XIII d.C, pasó a los budistas, quienes respetaron todas las estatuas y obras de arte originales, sumándoles otras. Fue el Imperio más imponente de la región, que además de templos, poseía a su alrededor, viviendas, talleres,mercados, carreteras y otros negocios. Sus historias religiosas y culturales fueron contadas en los bajo relieves cincelados en las paredes, de una manera poco común, con una secuencia contraria a las agujas del reloj, en forma de un gigantesco libro, para que pudieran ser entendidas, hasta por analfabetas. Sus galerías estaban relacionadas con las observaciones astronómicas y el sitio en sí, se ubicaba de manera precisa, para mostrar la Constelación del Dragón, que simbolizaba la eternidad. Hubo un momento, en el siglo XVI, en que fue abandonado y tomado por la selva, ya que el lugar se comenzó a asociar con embrujos y presencia de espíritus oscuros. Afortunadamente fue redescubierta en el siglo XIX, y hoy, es considerada Patrimonio de la Humanidad por la Unesco.

Estar en ese lugar fue experimentar una evocación apocalíptica, al transitar por esos habitáculos vacíos, llenos de oscuridad y viejas creencias, tomados casi por completo, por las portentosas raíces de los árboles colosales, que parecían mostrar toda su fuerza, al penetrar sin detenerse ante la piedra más dura, y que pudo convertirla en añicos, con sólo envolverlas con sus gruesas raíces aéreas, que colgaban descuidadamente por metros desde lo alto. Me daba la sensación de estar inmersa como exploradora en esos lugares tan ocultos y misteriosos formando parte del elenco de la película de Indian Jones. Un paisaje sub-realista que nos hizo recordar la nimiedad de lo que somos.

Fuimos después a **Angkor Thom**, ciudad real construida a finales XII, y nos recibieron sorprendentes tallas de rostros gigantes, figuras descomunales que representaban a guerreros que custodiaban su entrada, mientras que los espejos de agua cubiertos con flores de loto, se posesionaban a través de su penetrante perfume, de todos sus recodos. El ambiente olía a humedad añeja, y el musgo cubría por completo de verde oscuro, las paredes de piedra. La historia surgía respirando en cada rincón, tanto que parecía oírse, el crujir de las pisadas del rey Javayarman VII. En medio de esa fastuosidad, que a pesar del tiempo transcurrido, se seguía fundiendo el arte con la naturaleza como dos metales nobles, aunque el ecosistema insistía en imponerse para arrebatarle el espacio y convertirlo en otro tipo de belleza.

Debo confesar que cada uno de estos tres países asiáticos, me conmovieron con sus peculiaridades. Es asomarse por una ventana nueva y ver un mundo totalmente distinto, con una cultura llena de color, de suntuosidad, de delicadeza, de dioses, de flora y fauna que parecieran de fantasía, debido a su cuidadosa estética en las formas, que aderezan todo con exquisitez, como sucede en los cuentos de poderosos reinos. Allí experimenté que los adultos podemos disfrutar al máximo de mecernos en un columpio de rústica madera tanto como un niño y acrecentar con ello el placer, de estar en cualquier lugar hermoso. Que un buen masaje corporal o un tatuaje hecho con henna, pueden curar y transformar el dolor más hondo en calma; que el respeto pleno hacia otro ser viviente debe ser nuestra norte de vida, no importa si se comunica o no en nuestro mismo lenguaje o si es un ente animado o inanimado. Que con sólo probar la fruta del dragón o del lychee, se abren de manera instantánea todos los sentidos; que el aroma de un buen incienso después de ofrecido a las deidades puede penetrate hasta el alma en una sola bocanada; que dormir en una bolsa hecha de seda te hace sentir mariposa; que el tañido de un gong y el contacto piel a piel sana, y que a pesar de insistir que somos tan distintos como personas, son en realidad, más las similitudes que nos unen. Estoy plenamente convencida, que a eso es lo que hay que apostar!

CHINA
(2008)

Ese viaje a China en el 2008, fue decidido precipitadamente, mientras estaba haciendo unos cursos de masajes energéticos chinos, en donde me encontré después de muchos años, a quien fue novio de mi mejor amiga de adolescencia, un asiático que tenía una academia de artes marciales. Él siempre estuvo muy ligado a eventos deportivos de Chi- Kung, más por negocios que por espíritu deportivo, como pude constatar después. Me propuso que viajara junto con una delegación que él presidía, en representación nacional, como parte de su equipo y acepté, creyendo que sería un hermoso viaje, ya que él era oriundo de allá y conocía ese país como la palma de su mano.

Partimos a **Shangai**, ya que allí era donde se iba a dar el encuentro deportivo. Llegamos a un elegante hotel, y allí supimos que no podríamos movernos sin escolta. Un agente vestido de civil nos seguía a todas partes, y no nos permitían ni cruzar la calle para ir al museo, porque teníamos que estar "protegidos". Nunca entendí esta situación, supongo que era para evitar cualquier incidente lamentable que pusiera en peligro la armonía diplomática deportiva. Salíamos del hotel sólo para las competencias, entrenamientos y uno que otro espectáculo, siempre blindados con esa seguridad mal encarada. En una oportunidad, se suscitó una situación muy desagradable, porque sobraron tres boletos de un espectáculo musical y para aprovecharlos, una de nuestras guías de autobús, Olivia, decidió proponer que se los regalaran a sus compañeros. El jefe de ella, se encolerizó por su osadía y fue muy agresivo, gritándola delante de todos, que nos quedamos atónitos ante su reacción desmedida. Ella lloraba de impotencia y con dignidad, se levantó para enfrentarlo y renunció. Me pareció tan injusto, que ambas estuvimos hablando del incidente, lo que restaba de viaje. Decidí escaparme al día siguiente con ella, burlando el cerco que nos vigilaba. En la mañana, dije que estaba indispuesta y que no iría a las demostraciones. Media hora más tarde, me pasó recogiendo Olivia. Paseamos por las callejuelas escondidas, disimuladas detrás de las grandes y ostentosas propagandas de las mega tiendas internacionales, y vi una China oculta para la mayoría de los turistas. Apartamentos muy humildes donde colgaban la ropa en los balcones, bastante descuidados y nada atractivos. La pobreza pululaba por doquier. Fuimos a varios negocios de pintura y pinceles chinos, papeles recortados, faroles rojos, y pare de contar de tantas chucherías. Regresamos media hora antes de la llegada del grupo de los deportistas y para mi fortuna, al parecer no se dieron por enterados de mi escapada.

Nos dirigimos a **Wudang**, una zona montañosa en el noroeste de Hubei, a conocer los antiguos templos taoístas, cuna en donde se originaron los diferentes estilos de artes marciales. Era un sitio emblemático dada la trayectoria de los grandes Maestros de Taoísmo y los de Medicina tradicional China que allí hacían vida, en esa cumbre principal denominada Pilar del Cielo. Desde que se entraba, aparecían los alumnos practicantes de las diferentes escuelas, haciendo increíbles demostraciones de destreza, fuerza, equilibrio y flexibilidad.

Seguimos a **Nanning**, capital de Guangxi, una ciudad moderna situada al norte del río Yong. Fue en el siglo XIII, parada de caravanas, en el comercio con Vietnam. Allí llegamos a una especie de Villa Olímpica, destartalada y maloliente de tanta humedad, producto de vaho en las sucias alfombras. Esta fue la gota que derramó el vaso. No podía soportar llegar en esas pésimas condiciones, después de venir de un hotel 5 estrellas y propuse irme a otro país colindante, mientras el pequeño grupo de chicos completaba su semana de entrenamiento. Hablé con la encargada, y ella me propuso que visitara a Guilin, que era una zona kárstica con un paisaje muy destacado, ubicado al sur de China, pero con la condición ineludible, de ir acompañada de un guía, un chico neutro hasta el cansancio, que a duras penas se hacía entender. Ella adujo que yo era muy valiente al querer viajar sola a otras tierras, ya que ella nunca lo había intentado siquiera, lo cual me pareció absurdo, viniendo de una experta en artes marciales.

Guilin resultó ser un verdadero paraíso. Era una zona fértil rodeada de lagos y cuevas, con ambiente muy fresco. Allí pasé los mejores días en ese país. El guía me llevó a un espectáculo teatral con barcas flotando en el agua, en un excepcional escenario a cielo abierto. Nunca había ido a un espectáculo con miles de personas, tanto en escena como a mi alrededor. Parecían salir hasta debajo de las piedras. Me sentí intimidada y con mucho temor de perderme en ese sitio donde no podía comunicarme, pero afortunadamente, el guía parecía tener un detector personal y siempre me hallaba. Fue un espectáculo divino, basado en una historia de amor, en plena luna llena y con un colorido único.

También visité dentro del mismo hotel, unas deliciosas terrazas con piscinas de aguas termales. Salí recubierta de una mullida bata roja carmesí de paño grueso que hacían juego con las pantuflas, y debajo, una única prenda, el coqueto traje de baño que compré allí mismo. Hacía bastante frío. Subimos unas escaleras y en cada nivel había una alberca calientita y discreta, aislada por cercas de bambú. Se podía escoger en cuál quedarse. Me decidí por la última, por estar vacía. Allí nadé un largo rato, con el guía mudo y la luna de testigos. Al rato, llegó un señor y se acabó el encanto, pues comenzó a interrogar al muchacho sobre mí, mientras me ofrecía una sonrisa de atontado con intención de ser simpático, pero para su mala suerte, nunca me atrajeron los hombres chaparros, así que la cosa quedó de ese tamaño. Al día siguiente, fuimos a un pequeño mercado artesanal y compré unos manteles hechos en batik, un sello con mi nombre, un bolso floreado y otras menudencias. Me despedí con nostalgia de ese bello hotel enclavado en una zona privilegiada, donde hasta la habitación parecía de cristal. Quise llevarme un recuerdo, y tomé el letrero de "not disturb", pero a esos chinos no se les escapa nada. Por poco me descubren en mi travesura, pero afortunadamente no se atrevieron a revisar mi equipaje, dado mi aplomo al negarlo rotundamente.

Regresamos para que pudiera unirme de nuevo con el grupo y nos fuimos a **Cantón**, al noroeste de Hong Kong, donde habría otro encuentro y la despedida final. No salimos a conocer la ciudad, pero hay que decir que esa fiesta estuvo realmente imponente, llena de robustos arreglos florales gigantes y de bandejas interminables de pasapalos. Lo que más me impresionó fueron los lirios gigantes que adornaban las mesas. Era un festín visual y olfativo. Al día siguiente nos fuimos a **Hong Kong.**

Llegamos a un apartamento que era propiedad del instructor y que parecía estar pegado al cielo de tan alto. Eran unos super bloques como nunca en mi vida había visto, con cientos de apartamentos en edificios de una altura inimaginable. No recuerdo en qué piso era, quizás el 70? ni cuántos tenía ese complejo, sólo sentí ese gran vacío en mi estómago al subir. Llegamos y tuve que dormir con una de las chicas compartiendo una minúscula cama. Los chicos durmieron en el suelo, cosa que me molestó de sobremanera y se lo reclamé, pues esto sucedió por querer ahorrarse el hotel, que por cierto ya estaba pago. Sufrimos de su extrema tacañería esa noche, y salimos muy temprano, no para conocer ni pasear, sino para correr como locos detrás de él, para que hiciera sus últimos arreglos, diligencias y contactos dando fin a ese viaje tan traumático y accidentado. Fuimos por unas dos horas a comprar en las grandes tiendas, por lo que terminé adquiriendo con el apuro, un diccionario electrónico que no tenía ni siquiera las instrucciones en inglés y que por cierto, no costó nada barato. Para colmo, además de su mal comportamiento con los incautos que caímos en ese mal viaje, pretendió distribuir y encasquetarnos una ruma de franelas y otras cosas para que las cargásemos por todo el largo aeropuerto además de ir arrastrando nuestras propias maletas. Quería pasarlas entre todos en la aduana para no tener problemas, cosa que por supuesto, yo no acepté bajo ningún concepto. Esto trajo como consecuencia, la ruptura inmediata y definitiva de esa frágil pseudo amistad abusiva. Gracias a Dios, todo tiene su final.

Como era de esperarse, los recuerdos que me acompañan de China no puedo decir que fueron del todo agradables. Estar vigilados las 24 horas, sin tener la libertad de escoger para donde ir, para mí fue traumático. Ni los correos podíamos escribirlos con privacidad en los cyber cafés. Esto añadido a la sensación de ser timados cada vez que se deseaba comprar algo, era muy desagradable. Pedían hasta 5 veces el precio real de un artículo, y terminaban después de un largo regateo, dejándolo en una milésima parte de lo que querían. Tampoco los percibí muy amistosos, eran bastante secos en el trato, desconfiados al extremo y con una actitud machista acentuada. En una casa de cambio en el aeropuerto, me dieron incompletos los yuanes y le extrajeron a un compañero de su muñeca, una cámara en un abrir y cerrar de ojos. La suciedad en las cocinas era muy marcada, aún en los hoteles de categoría. Pude observar que en muchos sitios no tenían agua directa o no les permitían gastarla y muchachas en cuclillas, fregando los platos sucios en poncheras sobre el suelo. El uso de alfombras empapadas y mal olientes, era bastante común. Yo iba con la idea soñadora de encontrarme con una cultura milenaria que aún conservaba su sabiduría y espiritualidad, pero desgraciadamente el capitalismo arrasa con todo cuando se impone y quizás, sólo perduren en las aldeas del interior que no tuve la oportunidad de conocer.

TURQUÍA
3er viaje (2018)

n el 2018, me contacté con mi gran amiga Beti-gûl y decidí visitarla en su nueva casa en **Konya**, adquirida antes de casarse por segunda vez con Ayhan, a quien no conocía. En Venezuela, Turkish Airline recién abría una nueva ruta directa hasta Estambul, y decidí emprender mi viaje por tercera vez.

Al llegar a Estambul, tomé un vuelo nacional hasta **Konya**, donde me esperaban ansiosos, mi amiga y su flamante esposo. Cómo pasó el tiempo! Hacía doce años que no nos veíamos y la emoción fue indescriptible. Me llevaron a su precioso hogar de madera, rodeado de árboles frutales de todas clases y un sauce llorón que mecía su cabellera de hojas en un recibimiento bien merecido. Le entregué los regalos que traía de mi país: un bolso Kana, autóctono de los indígenas Wayuu, color naranja y azul cielo, llenos de figuras geométricas con una simbología cósmica en sus vivos tejidos de algodón; cucharitas hechas de maderas finas de diversos colores combinados: la verde, tallada del árbol de la Vera, el negro, del árbol del Quebracho, el amarillo, del árbol del Miguelito, el anaranjado, del árbol del Cartán, el rojo, del árbol de la Sierra de Iguana y el morado, del árbol del Nazareno, en forma de estilizadas cabezas de tucanes con cuellos muy alargados para remover bebidas, como si desearan estirarlos para verlo todo; un gallo hecho de fibras de vetiver; chocolates con 70% del mejor cacao del Mundo, el nuestro, y un llavero de semillas autóctonas que suenan con una especial armonía musical al contacto.

Me hospedaron en la parte superior de la casa, que fue para mí sola, y me hicieron sentir desde que llegué como si estuviera en mi propia casa. Tenía una apacible vista hacia el jardín y baño propio. En las mañanas desayunábamos afuera, rodeados de árboles y flores, y de sus gaticos, comiendo yogurt ávidamente, mientras manchaban de blanco sus largos bigotes.

Pasamos esa primera semana en casa, contándonos lo sucedido en esos años de ausencia. Salimos a varios restaurantes para degustar los platos más deliciosos y muy bien elaborados a la usanza turca, y en las tardes, nos deleitábamos con té y dulces. Ya saciadas de relatarnos nuestras historias, decidimos partir por carretera hacia **Capadoccia**. Fue un paseo muy especial, y diferente de mi primera vez. Allí cumplí mi sueño de montarme en un globo aerostático, antes del amanecer. Betigûl se lamentaba de haber accedido a mi loca y "suicida idea" y no había forma de convencerla para que se metiera en esa ajustada cajita donde iban codo con codo los pasajeros, y que posteriormente se elevaría por la acción de los fogonazos de aire caliente. Después de decirle que se acordara cuánto habíamos pagado por ello, al fin, se decidió a regañadientes, y con los ojos cerrados. Se pegó de mi brazo como una ventosa hasta que descendimos. Su esposo, que al principio tampoco estaba muy convencido de ir, disfrutó a más no poder, sacando decenas de fotos con una sonrisa de oreja a oreja. Yo me quedé extasiada, viéndolo todo desde arriba, admirando ese monumento natural ígneo, que exhibía sus fantásticas formas caprichosas. Me sentía libre como un ave, con el espíritu tan elevado que creí que levitaba, y que lo menos que me importaba, era que se desinflara el globo, después de haberme sentido realmente fluida y viva... Después de esa experiencia tan gratificante, qué carrizo, sé que hubiese muerto con el mayor placer y sin remordimientos. Fueron alrededor de 45 minutos inolvidables. Apreciar toda esa maravilla de orografía formada de lava petrificada, desde otro ángulo tan distinto al usual, nos dio una perspectiva nueva, que nos permitió entender, que dependiendo de dónde nos ubiquemos, cada quién aprecia las cosas de manera diferente. Lo que vemos no siempre es lo real, o mejor dicho, es sólo nuestra verdad parcializada y no necesariamente, la misma de todos. Algo bastante subjetivo…

Bajamos a tierra, y Betigûl al fin pudo "recobrar la vista", y la tonalidad de su rostro, que se había comportado como un prisma, pasando de blanco mortecino a morado, —no sé si por dejar de respirar a intervalos por el susto—. Ayhan me repetía emocionado su letanía de agradecimientos por la experiencia vivida, que según sus palabras, por iniciativa de ellos, no habría sucedido nunca dados los riesgos que implicaba. Tenía que ir una venezolana con su toque de loca aventurera, a modificar su esquema…

Anduvimos por los alrededores, explorando los lugares cautivadores de Capadoccia. Entramos con el mayor recogimiento a esos sitios de culto cristianos, fundados por San Pedro de Antioquia. Según el Apocalipsis, en esta área es donde se encuentran las siete iglesias del Asia Menor, siendo la joya de la corona la de Antioquia, ya que representa la primera comunidad cristiana habitada desde los siglos II y III. Fuimos a la catedral de San Jorge, nativo de Capadoccia e hijo de un soldado romano. Nació entonces, la leyenda de San Jorge y el dragón, convirtiéndose en patrono de múltiples credos de la Edad Media en Europa. En todos esos espacios se podía captar, ese sutil movimiento oscilatorio que iba del corazón al plexo solar, producto de una fuerza avasalladora e invisible, como un maná, condensado durante siglos, por las tantas personas que han acudido a esos lugares sacros a rezarle al Absoluto. Era una vibración tan fuerte pero tan sutil, que podía ser absorbida a través del tacto, desde los pies a la cabeza, concentrándose en ese tercer ojo, el de la intuición, para hacerla germinar, en el momento menos esperado. Una energía que definitivamente no era del mundo físico y que pareció salir del propio San Jorge, desde que blandió su espada con destreza, ante cualquier tipo de mal.

Desandamos nuestro camino de regreso a **Konya**, y al día siguiente fuimos a visitar por segunda vez, a mi amado poeta Rumi, repleta de un sentimiento de admiración y amor, al conocer a fondo su poesía y de su genialidad. Lamentablemente estaban remodelando su lugar de reposo y permaneció oculto tras un gran panel. Igual mantuve una conversación larga y placentera con su espíritu, que inundaba todo el recinto de una manera contundente. Le pedí que guiara mis pasos como poeta y me bendijera con su sabiduría. Fue como si me sumergió en su aceite perfumado, extraído de la misma poesía pura.

En la tarde, fuimos a una pequeña aldea llamada **Sille**, visitamos su iglesia y Betugûl se encontró con un grupo de colegas, que se disponían a ir a un baile privado de derviches. Ellos nos invitaron amablemente a acompañarlos, solicitud que aceptamos de inmediato. Llegamos a un recinto pequeño y redondo, con una pista central rodeada de filas de asientos, acogedor y muy bien diseñado. Escogimos sentarnos donde casi podíamos tocarlos y sentir la brisa producida por su ropa al realizar su giro meditativo. Era también mi segunda vez, de haber tenido la suerte de presenciar esta danza del orden de los Derviches Giróvagos o Mavleví, el más conocido de Turquía, que se fundó en 1273 en Konya. La ceremonia duró 1 hora, acompañada de música turca tradicional sufí, ofrecida por una de las mejores orquestas locales y que constó de 7 partes de un ritual llamado Sema. El corazón no me cabía en el pecho de tanta emoción. Salieron a escena, siete derviches sufistas del Islam, de los que vivían en hermandades donde su norma era no codiciar ningún tipo de bienes materiales, sólo sentir el éxtasis religioso. Esta ceremonia que tiene connotación netamente ritual, va en búsqueda de un estado pleno de conciencia. Se visten con trajes blancos que terminaban hacia abajo, en una especie de falda que se abría al compás de la música, como si fuesen inmaculados lirios pivoteando. Esta falda se sobreponía a unos pantalones estrechos, y en su cabeza llevaban un sombrero en forma de cono que tapaba gran parte de su cabello. Comenzaron a girar, en su meditación Sama de los planetas, con la mano derecha dirigida al cielo para recibir la energía de lo alto, y la izquierda hacia la tierra, para transmitirlo al mundo. Conformaban una especie de hilo conductor entre lo mundano y lo divino. En realidad fue un acto de entrega espiritual, concentración y belleza. Todos quedamos impregnados de esa energía pura y salimos repotenciados. A pesar de haberse convertido en una atracción turística en la mayoría de veces, nosotros tuvimos el placer de presenciar su misticismo real en un sitio muy exclusivo.

Nos dispusimos ir a **Bodrum**, a una pequeña casa que **Betigül** heredó de su madre, enclavada en un complejo turístico de gran envegadura, en donde se quedó inmersa con el avance del modernismo. Era una casita coqueta, con dos matas de granadas bien cargadas de frutos, una en la entrada, y otra en la retaguardia, que fungían de dulces cuidadores, acicalando con sus flores y frutos, el terreno. Por lo general, me montaba a robar sus tesoros y deleitar mi boca con su rojo dulzor. Fue una semana tranquila, de ir al mercado local lleno de especias y frutas deliciosas, de visitas a la adorable familia de Betigül, disfrutando de los deliciosos días de playa, nadando, riendo, meditando, tomando sol y caminando por los alrededores de ese Mar Egeo, tan plateado. Temblaba de gozo de sólo mirar su fría belleza! Allí, frente al mar, una de las tías de mi amiga, me leyó la borra del café, volcando la taza donde bebí sobre el plato, para estudiar las formas que dejaba su residuo. Eso fue muy divertido para mí, ya que era la primera vez que lo experimentaba, pero en realidad, no acertó en ninguna de sus premoniciones...Salimos de compras y me enamoré de dos pares de sandalias de cuero curtido, hechas a mano, con una destreza y finura poco vistas. Terminamos en **Gûmûslûk**, una diminuta aldea de artesanos y compramos dos pajaritos de cerámica iguales, para que al usarlos, pudiéramos tenernos presentes no importa dónde estuviéramos.

Visitamos **Pamukkale**, también por segunda vez, encantada con su vista impresionante, y me sentí de nuevo, sultana en ese castillo de algodón, que fue labrado en travertino y caliza por las hirvientes aguas en forma de cascadas. Llegamos a un hotel con su propia piscina de aguas termales, con una deliciosa temperatura cercana a los 40º, pero donde no podíamos permanecer más de media hora, ya que advertían que podía causar hipertensión o trastornos cardíacos. Sus beneficios eran efectivos en cuanto a la eliminación de toxinas y regulación de las glándulas endocrinas entre otros. El agua estaba tan divina, que era difícil salirse. Las sales minerales se olían por doquier, y un leve tinte ocre recubría las paredes con una pátina lustrosa. Salimos arrugados como pasas, pero felices. El hotel tenía una azotea espectacular y cenamos al aire libre, con una luna de ensueños, y un festival de ricos sabores que se turnaban en nuestro paladar. Subimos a las terrazas de travertino a la mañana siguiente, y recordé lo atractivo que es el turquesa de sus aguas en cada piscina, esta vez, quizás con menos caudal y más turistas. Estaba un poco abochornada de tanta gente, contrastante con la primera vez que fui, donde pude disfrutarlas de manera casi exclusiva. Andamos por las ruinas de la Hierápolis, tomando fotos del lugar. Fueron declaradas en 1998, Patrimonio de la Humanidad, dos años después de haberlas visitado por primera vez.

Estuvimos en **Miletos**, antiguamente tierra griega y centro relevante en los campos de la filosofía y las ciencias, con una gran historia bíblica. Se narra en el Nuevo Testamento, que el apóstol Pablo en el año 57 d.C se reunió con los ancianos de la Iglesia de Éfeso, a 50 kms de allí. En el siglo XIV fue conquistada por los selyúsidas turcos y la emplearon como centro de comercio con Venecia. Era un sitio muy apacible, con innumerables ventas de higos deshidratados, que concentraban todo su dulzor y su suavidad. Los dejaban secar al sol en el mismo árbol, para que cumplieran su proceso de manera lenta conservando sus características y sabor. Había un sitio muy especial que me movió toda clase de sentires: Ilyas Bey, una mezquita de 1403, que tenía en su parte delantera las ruinas de lo que fue un antiguo cementerio. Al entrar, me atrajo como un imán, una de las tumbas adornada con un turbante hecho de mármol y comencé a llorar sin motivo aparente. Sentí que una parte de mis ancestros yacía en ese olvidado sepulcro. Mis amigos no sabían lo que me pasaba, y me preguntaban insistentemente el porqué de mis lágrimas, las cuales no podía contener ni entenderlo yo misma. Cuando pude despedirme de ese silencioso y solitario camposanto, me dirigí a la mezquita. Sólo pude observar su interior vacío, a través de las ventanas. Luego, me senté con mi hermana amiga de tantos años, bajo un frondoso árbol de olivo. Allí pasamos un largo rato, meditando y sintiendo la fuerte brisa acariciando nuestros rostros. Repleta de paz, pude fluir en el torrente de su savia y me abracé a ese árbol como si fuese su rama más fuerte. Parecía que un manantial inagotable se había abierto, inundando totalmente mi pecho. Jamás me había conmovido tanto un lugar, ni me había sentido parte de él, así, desde lo más hondo de mí. Sólo al salir se detuvieron mis lágrimas.

Proseguimos hacia el Templo de Apolo en **Delfos**, al norte del Golfo de Corintio, en una de las vertientes del Parnaso, montaña de gargantas abismales que se creía según la mitología griega, que era el nicho de las ninfas y de esta forma entramos a una especie de túnel del tiempo. Nos recibió el rostro de Medusa, con sus cabellos de serpientes enroscadas y sus magníficas columnas dóricas estriadas. Era un lugar apoteósico, aún en su estado ruinoso, el que fue a su vez, en tiempos más remotos, el hogar de la Diosa Gea (La Tierra). Su imponente arquitectura nos llevó a remembrar su historia que data del siglo IV a.C y que fue destruido en el año 390, por orden del Emperador cristiano Teodosio, con la intención de hacer desaparecer las huellas del paganismo. Era aquí en este Oráculo de Delfos, el más famoso de la antigüedad por su situación como supuesto centro del mundo, donde las personas y representantes del Estado venían a que le predijeran su futuro, haciendo preguntas personales o de importancia vital para el Gobierno al Dios Apolo, deidad griega y romana del Sol, la poesía y la música y que eran respondidas de manera simbólica, a través de los sacerdotes, o pitonisas. También lo hacían a través de interpretaciones de señales físicas, de sacrificio de animales o lectura de sus vísceras. La adivinación sin lugar a dudas, conformaba un aspecto coyuntural y de envergadura de la religión y cultura griega. Al final de todo, me tomaron una emblemática foto abrazada a mi amante, un portentoso árbol de olivo.

Nuestro periplo concluyó en **Afrodisia**, una pequeña y antigua ciudad construida de mármol, que fue también griega y hoy pertenece a Turquía, localizada en las proximidades del Mar Egeo. Su nombre proviene de Afrodita, la Diosa de la belleza y del amor. Para calamidad nuestra, estaba cerrada, ya que llegamos a eso de las 5 y 30 pm y tuvimos que proseguir hacia Konya, con todo el dolor de no conocerla. Aún así, pude impregnarme de brillantes esporas de luna llena y pude hacer el amor por un instante, en ese oculto aposento de las Musas.

Volvimos a Konya, y mi amiga me hizo uno de los mejores regalos de mi vida: un tour por el Sanliurfa, Balikligol, Halfeti, Harran, Mardyn, Mydyat, Antep, Diyabarkir, Hasankeyf, Adiyaman y Gobleki Tepe, enclavados en el sureste de Turquía, frontera con Siria. Formé parte de un nutrido grupo de turistas turcos donde sólo dos hablaban inglés, pero eso no fue impedimento alguno. De hecho la mayoría de los amigos que hice, no lo hablaban, y sólo cuando se nos "trancaba el serrucho" era que acudíamos a un intérprete voluntario de los que habían en el bus o al diccionario del teléfono. Con esto pude tener la seguridad que el idioma no es una limitante insoldable, sino por el contrario, si hay apertura y nos entregamos a lo que va sucediendo día a día, aprendemos a descifrar el idioma universal de las miradas, y de los gestos, dando pie para que de otra manera podamos entendernos. Sólo hay que estar atentos y observar al otro con atención. De hecho, mis compañeros de viaje me protegían, me guiaban y velaban porque estuviera siempre en el bus a la hora de marcharnos y participara en las demás actividades. Hice de entrada, una excelente amiga, Gulten, quien fue la más cercana a mí, aunque no hablara ni pío en inglés ni en español. Ella vino con su hermana Nulten, por lo que agradecí todavía más, su atención.

Empezamos el recorrido en **Sanliurfa**, la antigua Edesa, siglo IV a. C. Era una llanura desarrollada entre los ríos Eufrates y Tigris, considerada la cuna de la civilización mesopotámica, habitada por los kurdos (que significa héroes), minoría étnica que está repartida entre varios países: Turquía, Irán, Irak, y Siria. No poseen un Estado propio delimitado por fronteras y fueron nómadas hasta la Primera Guerra Mundial. Muchos aseguran que Sanliurfa era la ciudad bíblica de Ur, en contraposición a la ubicación que esgrimía Irak, al reclamarla como propia, al sur de su país. Es una ciudad contrastante que cobija lo antiguo con lo moderno. Poseía un bazar llamado Gumrûk en donde se acude para comprar piezas muy curiosas, como peines hechos de cornamenta de ciervos.

En **Balikligol,** había una emblemática mezquita, donde fue la casa donde nació y vivió Abraham, con un estanque lleno de peces y algunos cafés alrededor que ofrecían una bebida parecida en apariencia —pero muy rara para mí—, llamada terebinto, proveniente de la planta familia del pistacho, así como restaurantes para consumir hígado de res, tan típico, que Gulten lo pidió para que no perdiera la oportunidad de saborearlo en una especie de kebab. Fuimos también a la casa donde según las escrituras sagradas, el Profeta fue arrojado por Ninrod al fuego, pero sus brazas se convirteron en agua y madera, y lo que inicialmente iba a ser una pira funeraria, se transformó en cientos de peces de colores.

Halfeti fue mi siguiente destino. Era una región agrícola, inundada en gran parte por la represa del Eufrates en Birecik, de la Provinia de Sanliurfa. Estuve en un agradable café, con vista de esta hermosas aguas, en donde compré para Betigûl, un frasco de perfume de rosas negras, que sólo nacen en esta parte del Mundo, nacidas del apareamiento alquímico de las condiciones del suelo y el ph de las aguas, justo donde se filtra el río Eufrates. Aquí se produce el milagro, de la transformación del usual rojo carmesí de las rosas al negro, fenómeno que sólo se da en verano. Mi olfato se impregnó del penetrante aroma de estas flores únicas.

Siguiendo el recorrido, seguimos a **Harran**, en la misma provincia de Liurfa, hacia el sureste, camino a Canaan, en el cruce de Damasco, Karkemish y Nínive. Antigua ciudad del norte de Mesopotamia, que se dedicó a la adoración del Dios Sin o Dios Luna, por parte de los semitas. Allí según los relatos bíblicos, se alojó el padre de Abraham. Fuimos también a la tumba del profeta Job. A pesar de haber sido el centro del cristianismo asirio, las religiones paganas siguieron paralelamente y mantuvieron la creencia en sus dioses un tiempo más. También vimos desde lejos, las ruinas de la Universidad musulmana de Harrán, la primera en su tipo, que data de los años 4000 a. C.

Al entrar a Harran quedé sorprendida: nada parecido había visto en Turquía, casas en forma de colmenas de barro, de unos 3000 años, que se mantenían muy frescas por dentro, a pesar de la severa aridez del terreno. El vestuario de las mujeres también era muy diferente, tipo beduino, de telas ligeras muy coloridas y brillantes. Allí nos sentamos a refrescarnos del calor bebiendo apresurados la primera jarra rebosante de yogurt líquido, espumante y frío, del sabor más delicioso que haya probado en toda mi existencia. En ese momento, se me acercó una chica hablándome en su idioma. Noté que era de cabello claro y ondulado como el mío, cosa poco común allí. Llamé al guía para que me tradujera lo que decía. Me estaba proponiendo que me quedara, pues según ella, ofrecían muy buena dote, por mujeres con nuestras características físicas. Con una amable sonrisa, decliné esa oferta extraña que se me presentaba por segunda vez, (la primera en Marruecos), y le dí las gracias. Caminé entonces por sus cuarteadas calles arcillosas y me refugié como una inquieta abeja en sus frescas colmenas de barro cocido, saciando mi sed de complejas memorias, con otro espumoso y helado ahyran, en una maciza jarra de torneado metal mate.

Llegamos a **Mardyn**, cuyo nombre significa fortaleza, antiguamente perteneciente a Armenia, y que pasó a ser turca a partir de 1832. Era una ciudad estilo árabe imbuida en una montaña al norte de Siria, con una mezcla étnica interesante de kurdos, turcos, asirios y árabes. Es la ciudad capital de la provincia de Mardyn, la ciudad color arena, con mucha tradición en joyería fina y donde se prueban las mejores almendras del planeta. Sus calles son escalonadas y con amplias terrazas que gozan del sol, sin que su hermosa vista pueda ser opacada por otras casas, debido a su estratégica disposición paralela.

Mydyat también es una localidad de origen asirio dentro de la Provincia de Mardyn, a 60 kms de la capital, llamada antiguamente Matiate o ciudad de las cuevas, ya que debajo de la ciudad, existe otra subterránea, que fue habitada hace unos 1900 años. Era la llamada Alta Mesopotamia entre 883 y 859 a. C. Conserva al igual que Mardyn, su característica de su delicado color arena. Al parecer, las hechiceras despojaron de sus tonos al desierto y se apoderaron de ellos para obsequiárselo. Poseía hermosos monasterios y famosa por su delicada joyería en filigrana, de alta exquisitez en hilos de oro, que parecían laboriosos tejidos de tela de araña. Era como retroceder muchos siglos en el tiempo y encontrarse con una ciudad congelada e intacta, con una arquitectura rica en detalles, como las figuras esculpidas en la desnuda roca, en los arcos y otros aderezos.

Nos dirigimos a **Gaziantep o Antep**, capital de la provincia de igual nombre, a pocos kms de la ciudad griega y romana, denominada Doliche, por lo que se explica el porqué de la proliferación de tantos mosaicos exquisitos, muchos de ellos muy bien conservados. Siempre caracterizado por las innumerables zonas de cultivo de pistachos y olivares.

Fuimos al Museo Arqueológico de Gaziantep, y quedé tan vitrificada como sus azulejos. De pronto, me encontré en un baño romano, con piso y paredes de mosaicos y una tentadora tina que me invitaba a sumergirme en sus aguas. Los hermosos torsos esculpidos tan varoniles en roca, me rodeaban complacientes y un aceite perfumado comenzó a surgir acrecentando los vapores penetrantes, que me sumergieron en un sopor embriagante, no sé por cuánto tiempo, aunque todavía desconozco si lo viví o me lo imaginé.

Paseando por sus calles, era muy común ver a los vendedores que ofrecían puñados de pistachos en cucuruchos de papel. Las dulcerías proliferaban como apetecibles hongos, provocándo al más comedido, y conformando el sueño dorado de cualquier glotón. Las baklavas atraían con su crujiente hojaldre y su sugestivo aroma, a todo el que osara pasar cerca. Para mí, fueron las más deliciosas, así que además de atiborrarme de estas divinas golosinas con té, me traje un arsenal de esas exquisiteces para compartirlas con mis amigos.

Diyarbakir, capital no oficial del Kurdistán Turco, fue habitado desde la Edad de Piedra. Reino de los Hurrutias, ciudad a orillas del río Tigris y capital de la provincia con su mismo nombre. Poseía una población de armenios y sirios cristianos ortodoxos. Visitamos la casa del gran poeta turco Cahit Sitki Taranci, nacido en 1910. Era una edificación maravillosa, ataviada de exquisitos mosaicos geométricos dispuestos en la parte superior de los arcos y a lo largo de las columnas, muy parecidos al estilo de la Mezquita de Córdoba, pero a menor escala. Una agradable cafetería se erguía junto con su busto de bronce el el interior de su patio central, en su memoria. Allí se respiraba de manera viva su presencia, que no logró esfumarse a través del tiempo, y que parecía oírse aseverando, que la poesía era "el arte por el arte de crear bellas formas con las palabras". Sus versos escritos con ritmo y rima, no le impidieron apreciar la poesía que no poseía métrica, ya que para él, ambas podían ser preciosas. Me pareció escuchar algunas estrofas de su dulce verbo nostálgico, contenidas en su **"Poema de los treinta y cinco años"**, que iban cayendo dentro de mi pecho, como semillas venidas de un gran árbol, mientras entraba en cada una de sus espacios:

"Treinta y cinco años… La mitad del camino.
Estamos en la mitad de la vida como Dante
La quintaesencia en nuestra era de adolescente,
Se va sin tener en cuenta tus llantos,
En vano serán tus lágrimas y tus clamores de hoy".

El susurro de sus versos poco a poco se fue apagando al salir y nuestro intercambio de organza y té negro, quedó en suspenso, como un encuentro de amantes, hasta una próxima vez …

Continuamos hacia las cuevas prehistóricas de **Ha-sankeyf**, Provincia de Batman, punto de partida hacia la Ruta de la Seda, que guardan los vestigios de nueve civilizaciones, principalmente la árabe, selyúsida, mongol y otomana. Navegando por las riberas del Tigris, y observando estos nichos habitados por siglos, pude apreciar la importancia histórica y cultural que guardaba ese lugar, centro de muchos institutos científicos y educativos, pero que desafortunadamente, en su mayoría, iban a desaparecer, bajo las aguas de la represa Ilisu en construcción bastante adelantada para ese momento. Sitio muy rico arqueológicamente hablando, con miles de cuevas, muchas de ellas de varios pisos y con suministro propio de agua, así como mezquitas, iglesias rupestres y cementerios, que fueron tallados entre la roca viva de los acantilados. Fue considerado un centro islámico de importancia por su gran número de sitios de culto. Uno de ellos, la llamada Mezquita de Diyarbakir, fue la más antigua y una de las más relevantes de Mesopotamia.

En bus, llegamos a **Adiyaman** o lugar de nombre difícil, capital de la Provincia de igual denominación y Patrimonio Mundial de la Unesco. Sufrió muchas invasiones a partir del 900 a.C. con romanos, bizantinos, omeyas y abbassies. Subimos las gradas a lo largo de su colina, hasta llegar a unas colosales cabezas de unos 9 metros de altura, hechas en piedra, de Zeus (padre de los dioses y de los hombres), Tyche (diosa que personificaba el destino y la fortuna), Heracles (Hércules, hijo de Júpiter o de su equivalente romano Zeus) y Apolo (dios del Sol, la poesía y la música) talladas en el 69 a.C, en los tiempos del Rey Antíoco, acompañado por sus seres mitológicos como el buitre, que volaba sobre la antigua Mesopotamia, patria del Rey Midas, —aquel que convertía en oro todo lo que tocaba—, la misma tierra de Ararat, donde cayó el Arca de Noé hacia el límite con el Kurdistán. Cuando bajábamos después de ver lo que fue capaz de hacer el hombre basado en su espiritualidad y creencias, una grandiosa puesta de sol como un disco rojo gigante, se fue ocultando lentamente detrás del Monte Nemrut. Era como si el Dios Apolo en persona, quisiera despedirse con ese carismático eclipse, dejando esa sensación de grandiosidad que siempre le acompañó, en cada poro de nuestra piel e inundando nuestras pupilas, con su destello de luz. Vibrábamos, eramos luciérnagas cargadas con su hoguera de astro Rey.

Al día siguiente fuimos al **Embalse de Atatûrken** en el río Eufrates y frontera entre Adiyaman y Sanliurfa, inaugurado en 1990 para generación de electricidad y riego. Disfrutamos de su bazar calderero, con sus utensilios en cobre. Allí el tiempo se detuvo. Se oía el monótono martilleo incesante de los orfebres y sus recién relucientes piezas que exhibían sus bondades: ollas, cafeteras, adornos, calderos y hasta zarcillos, en este metal rojizo y pulido, como el eclipse del día anterior.

Nos dirigimos al santuario más antiguo del mundo, **Gôbekli Tepe** o "Colina del ombligo", muy cerca de Sanliurfa, situado en el cenit de una cadena montañosa, que contiene un complejo megalítico muy antiguo, de 6000 años anterior a Stonehenge. Fue realizado por nómadas entre 9600 y 8200 a.C y enterrado intencionalmente por motivos que aún no se conocen, en el año 8000 a.C. Se teoriza que allí se pudo tener conciencia por primera vez de lo sagrado, ya que ha representado la cuna del culto religioso y por ende, haber encendido la llama de la civilización.

En verdad ese sacrosanto espacio de nuestros antepasados, constituyó para mí otro episodio de profunda transmutación, donde por segunda vez, mis lágrimas brotaron imparables. Sentí que el pecho se me abría, y agradecí tanto este recorrido que hacía por lo pretérito, pudiendo admirar esas columnas zoomorfas que quizás pude haber ayudado a tallar. Fue como cruzar las barreras del tiempo, y me sentí mujer nómada, rindiendo su adoración a ese templo. Y de repente, me vi cincelando minuciosamente en cuclillas, los mismos animales que cazaba para mi sustento de vida, como un agradecimiento y homenaje a su inmortalidad, sobre esas columnas pétreas, con curiosas formas de T. Proliferaban las gacelas, las aves, toros, jabalíes, serpientes, leones, y cocodrilos propios de la zona y me concentré en pintar los signos abstractos, que me permitirían comunicarme en mi lenguaje simbólico. Estoy segura que allí mi alma se fugó a otro tiempo, y entró en ese círculo de paz, flotando en medio de tanto silencio, donde ofrendé mi fuego interior a las constelaciones del Universo.

De regreso a San Liurfa, tuvimos una cena de despedida muy elaborada, con su especialidad pastel de carne cruda o *çiğ köfte*, preparada ante nuestros ojos, en un restaurante muy popular por su comida, baile y café. Me encantó sentarme en esas pequeñas mesas alargadas sobre la alfombra, oyendo en vivo y directo esa música que tiene la facultad inmediata de traspasar mi cuerpo como una certera cimitarra, hasta sentirla en mis vísceras. Por supuesto, no me hice de rogar para salir a bailar. Al principio un poco tímida, pero después mis pies y mis caderas se desataron por completo. Eso es lo bueno de ser latina, que llevamos el ritmo en nuestros genes y podemos danzar con mucha facilidad porque la música nos apasiona.

Al día siguiente, Nilgún, la profesora de inglés del grupo, quiso invitarnos a la boda de su sobrina. No habíamos llevado trajes adecuados para tal fin, y me negué a ir, pero ella no se dio por vencida. Así que habló con el guía, paró el bus frente al hotel, y me fue a buscar al restaurante donde estaba cenando, me tomó de un brazo y me montó para que acudiéramos al matrimonio. Yo parecía la propia gitana, con una falda larga de espejitos. No me quedó otra que animarme, porque como dicen en mi tierra" después que estás montado en el burro, sólo te queda arrearlo". Al final, terminamos todos bailando, muy divertidos, ante la vista de los elegantes invitados ya prevenidos del caso. Al final nos sentamos, para admirar la danza llamada Reyhani, donde sólo participaban hombres. Siempre me ha parecido un baile muy viril y coordinado. Disfruté mucho verles en su armonía de pasos donde todos se hacen uno.

Regresé a Konya, y pasé una noche más con Betigûl y su esposo. Ese día me enteré de la espantoso asesinato del periodista saudí Jamal Khashoggi dentro de la Embajada de Arabia Saudita en Estambul. Para mí fue un verdadero shock, ver cómo en este mundo que se dice de "humanos y civilizados", se creen con el derecho de acabar con una vida de manera tan brutal, con el fin de silenciarlo para que no muestre sus diferencias y críticas ante determinado gobierno. Nadie merece ser asesinado y menos de esa manera atroz, en donde los autores han evadido la justicia quedado impunes, por tener mucho dinero y poder.

Mi última semana la pasaría en Estambul. La noche previa fue muy emotiva, llena de sentimientos y emociones encontradas, pensando cuándo nos volveríamos a ver. Pero así es la vida, continua, enigmática, impredecible.

Llegué a **Estambul** a un modesto hotel en la parte antigua, muy céntrico y cerca del mercado principal. La azotea tenía una vista fantástica hacia el Bósforo. Todos los días desayunaba y mi alimento no era sólo comestible, sino que era degustado por cada uno de mis sentidos. Al sentarme frente a mi apetitoso desayuno, tenía esa maravillosa vista de frente, mientras un insistente olor a mar se mezclaba con mi café, pan tostado, queso y mermelada. Me hipnotizaba el sonido de los buques que parecían llamarme para que me quedase, así como el resplandor brillante de la mañana, mientras el sol picante se disputaba con el aire fresco en la piel, constituyendo una acuarela completa de impresiones.

Al parecer, a pesar de tanto turismo, y de ser Estambul una ciudad cosmopolita, la presencia de una chica sola, seguía perturbando a algunos. En el hotel había un señor de Arabia Saudita que me perseguía con su torva mirada. Con sus ojos redondos, pequeños y negros de roedor. Me originaba bastante incomodidad para ser franca. Parecía estar acechando a su presa y se me acercaba con las excusas más inauditas. En una oportunidad nos montamos en el ascensor y me propuso que lo acompañara a su cuarto, pero lo ubiqué rápidamente en su sitio, con firmeza y un no rotundo. No volvió a abordarme, aunque su mirada me seguía acosadora y desagradable.

Dicen que preguntando se llega a Roma, y así lo hice para ir al Gran Bazar. Me fui caminando por esas enrevesadas calles llenas de gente, con tiendas a ambos lados, repletas de toda clase de artículos, incluyendo vestidos de novia. Parecía el festival de colores Holi de India. Llegué a mi destino y me dí otro banquete sensorial. Me enamoré de una peineta otomana de plata, que al parecer, era original y costaba una fortuna, así que opté sólo por pedirle al dependiente que la sacara de la vitrina y la posara entre mis manos para disfrutarla por unos minutos. La devolví con esa nostalgia de sentir que me perteneció y que nuevamente la dejaba. Compré alimentos para esa semana, queso, dulces, especias y un frasco de agua de colonia de limón que siempre ha sido mi preferida. Me fascina ese olor que cuando entra en contacto con mi piel, me transporta de vuelta a Turquía. Caminé varias veces por todo el mercado observando sus peculiaridades y ya cansada, paré para comer en un pequeño restaurante. Allí mientras lo hacía, sentí que me miraban. Eran cuatro jóvenes que parecían venir del trabajo. Uno de ellos, me clavó su penetrante mirada. En verdad me inquietó que estuviera tan embelesado conmigo, supongo que por saberme extranjera, aunque siempre trataba de pasar desapercibida y de vestirme con discreción. Pagué y me disponía a regresar, cuando ese joven tan bien parecido, decidió seguirme por un largo trecho y abordarme en una esquina. Quería que intercambiáramos nuestros números telefónicos y así lo hicimos. Al poco tiempo, el príncipe se volvió sapo, insistiendo en pasar a instancias mayores, sin darnos la oportunidad de conocernos un poco más... Así que pasó al departamento del olvido por intenso y falta de tacto.

Fui de nuevo a las Cisternas, pero lamentablemente, se había modernizado mucho para mi gusto. Infinidad de luces, un gentío escandaloso que accionaban sus cámaras sin darle tregua. Dejó de ser ese sitio íntimo, acogedor y enigmático que fue, a pesar de que Afrodita seguía allí, volcada y resignada, a tan duro contraste.

El último día, lo pasé recorriendo los lugares de mi viaje anterior. Y regresé al mismo sitio de alfombras donde me trataron tan bien. El gentil vendedor ya no estaba, ni el brillante piano de larga cola, donde una excelente intérprete mongol tocaba todos los días, detrás de la vitrina mayor de la tienda, y en donde yo me detenía religiosamente a escucharla. Tampoco estaba el amable dueño que me pidió firmar el libro de sus visitas, empastado con un gusto exquisito. Se habían mudado, pero la encontré de nuevo, sólo que con otro vendedor, que me pidió tomar en su agradable compañía, una taza de un rico café,y compartimos mi experiencia anterior. Le agradecí el gesto y me despedí, dejándole mis saludos al propietario.

Después entré a una tienda de regalos y conocí a otro vendedor, Meltin, quien me invitó a su tienda donde me dio una clase magistral sobre alfombras, de cómo reconocerlas y palpar sus nudos. Quedamos en contacto por un largo tiempo, aún ya habiendo regresado a mi país.

Turquía es un país que nunca dejará de asombrarme. Y bendigo el día que decidí escogerlo como mi primer destino. He tenido la oportunidad de conocerlo extensamente, aunque siempre descubro cosas nuevas, así repita los mismos sitios. Todavía no me había propuesto aprender a hablar turco hasta ese momento, aunque entendía algunas palabras. Esto ha sido un aliciente para aprender su lengua y poder seguir descubriendo su magia infinita con mayor facilidad, ya que deseo recorrerla hasta el final de mis días. Así que para el próximo viaje, comenzaré a balbucearlo...

Le ofredé a Turquía, parte de mi corazón, con este sentido poema que escribí al regresar de ese 3ᵉʳ viaje:

Viajando a través de mi corazón antiguo.

Mi corazón es un corazón muy antiguo.
Como ondulante tulipán de cobre
fue martillado en una calle de Antep.

Sumergí mi cuerpo en el cálido y turgente sopor
de baños romanos de exquisitos mosaicos
y me abrí plácida ante su seductora belleza
como una semilla fresca de pistacho,
como una pulposa oliva,
como una provocativa vid.

Pertenecí a la orden de los Meldevíes
y mi cuerpo se entumeció de tanto girar
como un átomo sufí de vibrante elíptica
en el baile meditativo Sama de los planetas,
en busca de la ascendencia espiritual
hacia la verdad y la perfección,
siguiendo al compás de la melodía del Creador
con la mano derecha dirigida al cielo
para recibir su preciado don,

y la izquierda hacia la tierra
para trasmitirlo al mundo con amor.

Desovillé mi cabello con peine
de cornamenta de cérvidos
traído de Urfa, la pretérita Edesa,
trencé su claridad sujetándola
con peinetas argentas de labrados otomanos,
posé mis pies en kilims de seda y atrapé
todos sus reflejos tornasolados en mis tobillos,
me vestí de verano con el aroma de las rosas negras de
[Halfeti
nacidas del apareamiento alquímico
del límpido suelo con el Eufrates,
en Göbeklitepe ofrendé mi fuego a las constelaciones
al lugar de culto religioso más antiguo del Mundo,
y tallé en sus pilares neolíticos figuras zoomorfas,
desde hace 9000 años a.C,
caminé por las cuarteadas calles de Harrán
y me refugié como una inquieta abeja
en sus frescas colmenas de barro cocido del siglo XIX a.C
saciando mi sed de complejas memorias
con un espumoso y helado ahyran
en una maciza jarra de torneado metal mate,
asistí a su Universidad para calcular trigonométricamente
las distancias cambiantes entre la Tierra y el Sol,

conocí a Abraham en este habitat curiosamente cónico
camino a Canaan, en el cruce trascendental
entre Damasco, Karkemish y Nínive.

Bendecida fui al acariciar cada roca
trabajada con la belleza arquitectónica árabe
de Mardin y Midyat, las hechiceras
que despojaron de su color al desierto
y en donde conviví en perfecta armonía
con kurdos, turcos, asirios y árabes
adoradoradores del Sol y de Alá.

Me sumergí en el estaque sagrado de Balikligol
donde el poderoso Ninrod arrojó a Abraham
al fuego abrasador que se convirtió en agua
y la madera de pira funeraria en brillantes peces,
intercambié versos de organza y té negro
en la añeja casa del poeta Cahit Taranci,
navegué por el Río Tigris y tomé como morada
una de las cuevas prehistóricas de Hasankeyf
punto de partida hacia la Ruta de la Seda,
escalé el Monte Nemrut para traerme
la caída del Sol en la tibieza de mi aliento,
hasta coronar en Adiyaman,
la ciudad del "nombre difícil"
donde sonreí a las colosales cabezas

de Apolo, Heracles, Tyche y Zeus
asentadas en tiempos del rey Antíoco, año 62 a.C
y me hice acompañar de los seres mitológicos
guardianes de su cima
volando en el dorso del buitre de piedra
sobre la antigua Mesopotamia,
la patria del Rey Midas,
aquel que convertía en oro todo lo que tocaba,
la misma tierra de Ararat, donde encalló en Arca de Noé
hacia su desdibujado límite con el Kurdistán...

Respiré paz en las primeras catedrales cristianas
mencionadas en el Libro del Apocalipsis
fundadas por San Pedro en Antioquia.
De Pamukkale fui Sultana en su Castillo de Algodón,
me confundí con el turquesa de sus geotermas
para dejar en cada veta de travertino
los dolores más oscuros de mi alma,
me enfrenté al dragón de los malos sueños
blandiendo con inusitada destreza
la pesada espada de San Jorge.

Fui discípula de Rumi en Konya
y me pigmenté hasta la médula
de su delirante poesía pura,
recorriendo las madrasas en tierra selyúsida

morada de ayer, de los caballos bellos;
reviví la tristeza más honda
ante el turbante mortuorio del alabastro
olvidado en la Mezquita de IIyas Bey de Miletos,
emigré en la espesa savia de los milenarios olivos
y me abrasé a su tronco padre como su rama más fuerte.

Nadé en la transparencia plata del Mar Egeo
temblando de gozo ante su fría belleza
y me entregué al deleite efervescente
de los atardeceres rojos en la marina de Bodrum
calzando las trenzadas sandalias de curtido cuero,
fui fragmento dórico de las columnas de mármol
en el imponente Templo de Apolo en Delfos
y rostro enigmático de Medusa, la diosa del inframundo
que convertía en piedra a quien osara mirarla a los ojos,
y me sentí Diosa olímpica de las artes,
música, perfección y belleza,
me impregné de esporas de luna llena
en suelos de Afrodisia y quise hacer el amor
en el aposento oculto de Las Musas.

Todo mi dulzor se rezuma en Bizancio
y mi rocío se hizo Bósforo al verte,
me convertí en flor Ave del Paraíso
suculenta, atractiva, llamativa, diferente,

exhalando los tórridos aromas del oleaje fuerte
en un mismo espacio que carece
de formas concretas, caminar cadencioso
y miradas desenvueltas,
quise saber de alfombras y apareció el maestro
en mi tarde intensa de granada complaciente,
de piel de calabaza acuosa rebozando sus mieles,
y se hizo la noche, hasta quedar atrapada
como una dorada hebra de azafrán
entre la urdimbre y la trama
de la mullida lana y del algodón complaciente,
yaciendo en silencio, espectante, ceñida,
como un sólo nudo ghiordes, doble, simétrico y perfecto,
simbolizando en un ronco susurro el árbol ardiente de la
[vida.

TURQUÍA
4to viaje (2023)

Después de pasar tres largos años inmersa como todos, en el aislamiento impuesto por la terrible pandemia del COVIT, y los dos años subsiguientes, con algunos problemas de salud, gracias a Dios superados, decidí volver a mi amada Turquía, en los primeros días de septiembre para compartir tres meses, con mi amiga Betigûl y su esposo Ayhan.

Mi emoción era indescriptible y me fui con la idea de conocer a Armenia, país muy emblemático para mí por diversas razones.

Llegué de nuevo a **Konya**, a esa hermosa casa de mis amigos rodeada de pinos, y me recibió una vez más, el espectacular sauce de la entrada, las hierbas aromáticas, las rosas de todos colores y los deliciosos árboles frutales. Betigûl estaba dando sus últimos pasos como neuróloga y tuve la oportunidad de acompañarla y apoyarla en su duro proceso de retiro. To-davía no aceptaba su jubilación, como muchos, que se sienten poco útiles y se van deprimiendo, en vez de agradecer ese cúmulo de cosas nuevas que tendrán la oportunidad de desarrollar, sin lo apremiante de un horario.

Estuvimos dos semanas de celebraciones y comidas, y esto me hizo sentir que regresaría rodando, ya que en todos lados nos ofrecían banquetes deliciosos y era difícil rechazarlos por la novedad de probar platos nuevos, incluso bebidas desconocidas para mí, como una em-botellada, de color púrpura y de sabor salado, llama-da salgan hecha de zanahoria morada, nabo, pimienta amarga, sal, entre otros, con un sabor muy peculiar como se puede apreciar en la combinación de ese tipo de ingredientes, o el ahyran, que es yogurt con agua y sal. Mi estómago empezó a resentirse e hincharse como un globo. No me quedó otra que parar de comer, ya que de hecho no acostumbraba a atiborrarme, sino más bien soy de poco apetito, pero los dulces representaron mi perdición. No podía parar hasta que un terrible malestar puso punto final a estos abusos culinarios…

Y resulta que llegó mi cumpleaños, el cual pude compartir en la casa de Betigûl, con mi buena amiga Gûlten y su hermana Nulten, a quienes había conoci-do en el tour que hice hacia el SE de Turquía, hacía 5 años. Fue muy divertido, pues picamos una sabrosísima torta de chocolate y cantamos el cumpleaños feliz en turco y en español. Recibí de regalos, un curioso cuenco impreso con el nombre de Alá en árabe, para servir agua ya bendita por ese nombre sagrado. Se puede beber o derramarla sobre el cabello para sanación y purificación; un pañuelo para cubrir el cabello y un tesbih violeta, con cuentas talladas en forma de rosas, perfumado con el aroma de estas mismas flores. Todos estos objetos ligados a la religión musulmana y que con gusto los acepté.

En un escape de esos, fuimos a visitar por tercera vez a la tumba de Rumi, uno de mis poetas preferidos desde que lo conocí a partir de mi primer viaje, como ya lo había mencionado. Todo estaba muy cambiado en los alrededores, lleno de centros comerciales y edificios residenciales cuadrados y gigantescos, que proliferaron como hongos en un abrir y cerrar de ojos. Esto le daba un aspecto algo atiborrado, homogéneo, monótono, perdiéndose casi en su totalidad, ese toque exótico antiguo tan original, como ha venido pasando aceleradamente en todo el país en estos últimos años. A esto se le sumó, una fuerte alza de precios en detrimento de su población y de sus visitantes.

Después de todas estas celebraciones, y tanta gente entrando y saliendo de la casa, mi amiga decidió quemar una planta que ellos llaman Uzarlik para contrarrestar el mal de ojo y la envidia, ya que también a ella se le habían quebrado dos recipientes de cristal de manera muy seguida y lo consideró de mal augurio. Sin tener idea de esto, al olerla desde lo alto del segundo piso donde dormía, pensé, que se estaba calcinando accidentalmente algo, con un tufo muy pero muy desagradable y me preguntaba qué podía ser. Al bajar, ví un racimo de ramas chamuscadas sobre la hornilla de la cocina y la cara de mi amiga era todo un poema. Daba la impresión de haber sido atrapada in fraganti en una travesura. Fue gracioso pensar que no importa que tan científica seas, porque siempre habrá algo en lo profundo que albergamos de nuestras costumbres y creencias, que nos supera y nos convierte en supersticiosos.

Decidimos ir entonces de nuevo a **Pammukale**, el lugar de las deliciosas piscinas con aguas termales, como punto de parada ante las más de 10 horas que significaban nuestro destino final, Bodrum. Nos quedamos esa noche, y aprovechamos de tomar un baño muy caliente, en donde resulté ser la atracción inesperada de dos señores árabes acompañados de sus esposas, por cierto, muy bien cubiertas de pies a cabeza, y que observaban mi bikini de manera "disimulada" por el rabillo del ojo. Me cambié y me fui a caminar por un largo bulevar de lo que fue un mercado, con toda clase de objetos, ropa playera y alimentos, mientras mis amigos prefirieron quedarse en lo mullido de sus camas.

Al día siguiente en la mañana, emprendimos el viaje para Bodrum, mientras paramos varias veces a comprar vegetales, higos frescos morados que se abrían tentadores como flores púrpuras a punto de deshacerse de tanta miel y que de sólo olerlos, se hacía agua la boca. Las jugosas granadas, impresionaban por lo rojas y voluminosas, casi del tamaño de melones. También nos detuvimos en una cafetería, en donde vendían una variedad de dulces inimaginables y pude probar por primera vez, una taza de terebinto, producto de la molienda de las semillas tostadas de un árbol de la familia del pistacho y que hace las veces de café.Le dan el nombre de Menengic kahvesi. Su sabor es delicioso, parecido al café con leche, pero con un toque perfumado y algo grumoso en el fondo.

Nos detuvimos a comer al borde de la carretera, en un sitio al aire libre y donde dos señoras hacían deliciosos borek que consisten en pasta filo enrollada y rellena de vegetales y/o carne, mientras otras, en un recodo interior aparte, tejían con destreza, pequeñas y delicadas flores, que se desprendían como enredaderas de hilos de colores, emperifollando el borde de pañuelos y bufandas. Esta técnica especial llamada oya, que ya conocía, me enamoró de nuevo por completo. Penosamente, se ha ido perdiendo como la mayoría de esos magníficos trabajos hechos a a mano. Me acerqué a disfrutar de ese movimiento hipnótico de la aguja entre las diestras y veloces manos, y decidí comprar dos lindas bufandas.

Comimos opíparamente y me fui a descansar un poco, entre los mullidos cojines que cubrían el suelo y el respaldar de una especie de retablo de madera, muy aireado y suspendido a unos cuantos centímetros del suelo, en el cual se accede por una pequeña escalera. Siempre me han encantado, por lo agradables que son.

Después de 5 horas de rodar, llegamos a **Bodrum,** donde por segunda vez llegamos a la pequeña casa que era de la mamá de Betigûl. Saludé con respeto el hogar de la Sra Turkan, pues su energía seguía presente. Continuaba igual, con sus dos matas de granadas a punto de quebrarse de tantos frutos. Me ofrecieron de nuevo, el pequeño cuarto de la vez anterior, que tenía una puerta independiente, que daba a un pequeño y agradable espacio de estar, frente a un gigantesco árbol de higos y rodeado de trinitarias multicolores a reventar. La espectacular playa nos esperaba, así como su animado bulevar de tiendas y restaurantes, por donde me ejercitaba todos los días caminando. Me detenía en una interesante negocio de collares, brazaletes y zarcillos, elaborados manualmente con piedras, metal o vidrios antiguos, así como en la heladería, para saborear los sorbetes de pistacho de Antep, —mis preferidos— y que rompía por completo, mi auto impuesta austeridad. También hacía un alto para brindar mis honores a un magnífico árbol llamado Ilgin, que toma sus nutrientes del salitre del mar y que por primera vez, robó mi atención, con su delicado perfume proveniente de racimos de minúsculas flores color marfil, que pendían de las puntas de sus hojas, muy parecidas a las del pino.

Allí transcurrían el tiempo, disfrutando de la calma, del sol y del mar, leyendo un libro de historias mitológicas de diferentes partes del mundo, a excepción de los días que decidía ir al centro en bus, e inexplicablemente, muchas personas se dirigieran a mí en turco. De hecho días antes, una amiga de Betigûl me dijo que mi tipología se parecía mucho a las de las mujeres de una región de Turquía, que habían venido del Asia Central, de Mongolia, Siberia y Europa oriental. Por eso escribí este poema:

Fistik

*Me hablan en turco
pero soy latina,
aunque mis rasgos faciales*

parecen decir otra cosa,
porque ni en mi propia tierra
me creen venezolana.

Dicen que mi rostro revela
regiones de tiempos remotos
donde las pieles claras y cabellos ondulantes
venían emancipados con los centauros
cabalgadores del viento,
desde su madriguera mongol
en lo profundo del Asia Central,
con el mismo poder magnético de Atila,
después de robarle al lago
la claridad oblicua de sus rasgados ojos
tan parecidos a los horizontes infinitos.

Me descalzo ante la puerta
para conservar lo sagrado
del hogar que me hospeda,
perfumo mis manos
con colonia de limón
o flores de olivo,
acaricio la rusticidad cruda
de un hermoso heybe de lana,
y al instante me acompaña
una sensación de remembranzas nómadas

guardando en la alforja mi alimento:
carne salada, pan, queso, semillas,
aceite de oliva y frutos secos,
vistiendo coloridos ropajes
adornados de gruesos collares,
con sonoras diademas colgantes
cubriendo mi frente y el cabello,
a horcajadas sobre la montura repujada
de mi hermoso caballo Akhal Teke,
lustroso y nacarado como una perla,
mientras me ajusto las babuchas
para poder pisar la tierra
cubierta de kilims color de fuego,
mientras me llaman cariñosamente:
ven dulce fistik a teñir tus labios
con el zumo agridulce de la granada!

Bodrum, posee un inmaculado, blanco y cosmopolita centro, engalanado con árboles y sus famosas
trinitarias de todos los matices, traídas de otras latitu-
des por el escritor, viajero, ambientalista, y visionario
Cevat Sakir Kabaagac, llamado también El Pescador
de Halicarnassus, y cuya erudición tuvo un gran impacto en el desarrollo de las ideas para la Turquía del
siglo XX. Este paraíso se encuentra bordeado de un
puerto repleto de veleros, y de un castillo fortaleza ca-

tólico, llamado San Pedro de Halicarnaso, construido en 1402, por los Caballeros Hospitalarios de San Juan de Jerusalén, Orden fundada en el siglo XI con fines "benéficos" y que se convirtió prontamente en belicista, hasta que fueron expulsados por el sultán Melec, en 1291. Hoy es un museo que ha recogido los tesoros de naufragios, principalmente ánforas, monedas, vidrios antiguos y algunas joyas. Goza de tiendas muy peculiares, sumidas en una atmósfera antigua, con recovecos insospechados, donde fue toda una aventura, ir descubriéndolos, al igual que tantos cafés tan artísticos y acogedores.

Volví nuevamente a comprar sandalias hechas a mano, y dos originales vestidos con diseños otomanos. Adquirí una pequeña medalla de plata tallada con un tridente de Poseidón, el Dios de los mares, de la cual me enamoré y que asumí como amuleto personal.

También tuve la oportunidad de visitar en su hogar a mi buen amigo Mustafá, Maestro Zen que conocí en mi primer viaje y que no veía hacía más de 20 años, encuentro que resultó muy emotivo y agradable para ambos y que compartimos para variar, tomando café y comiendo galletas dulces.

Al día siguiente, unos amigos nos invitaron a pasar un día en su bote y fue una experiencia única. Las aguas tenían una transparencia impresionante, un silencio sacro, una paz perfecta, cónsona con mi estado de ánimo, mi recogimiento, mi agradecimiento por la vida, y decidí hacer mi meditación diaria frente a ese bendecido Mar Egeo, como una humilde ofrenda, ante el influjo de tanta belleza…

En la noche, fue tan intensa esa experiencia extra-sensorial, que me motivó a plasmar estas impresiones tan vívidas y tan frescas, a través de este poema:

Abismo

Estoy. Diminuta partícula
en medio de esta inmensidad azul,
Soy.
Trilogía en santuario
de cielo, mar y Yo,
presentes en un sólo cuerpo
ondulante, profundo, compacto, infinito.

Percibo su respiración calma
que asciende y desciende lentamente,
¿acaso esto ocurre con las olas
o en lo más remoto de mi plexo?

Su refulgente piel de agua
se abre ante mí

como un fino cristal turquesa
que se quiebra sólo
para mostrarme su abismo
al igual que yo le revelo el mío.

Medito ante esta extensión ilimitada
como si fuese mi propio espejo.
Me dejo estar frente a mi reflejo
como un caracolito de nácar
que nunca más perderá
su profundidad ni su brillo...

Visitamos un pequeño poblado de artesanos especializados en orfebrería de plata, objetos de madera, vidrio y pinturas llamado **Gumusluk,** donde mi amiga compró un extraño y costoso pez de leño, con ojos de botones y cola hecha de pedazos de sierra, que se ganó la desaprobación de su pareja, quien aducía que él hubiese hecho un mejor trabajo, de manera gratuita... y a mí no me quedó otra que asumir una posición neutral, aunque para ser sincera, el pobre pescado era más feo que bonito…

Después de la pequeña escaramuza, nos fuimos a pasear por ese sitio mágico. Era un pueblo pesquero, lleno de trinitarias, decorado de manera increíble con taparas horadadas como lamparitas de luces multicolores reflejando las figuras más extrañas, que pendían como elegantes zarcillos de ramas secas pintadas de blanco. Esto me recordó a mi niñez, ya que cuando no se tenía dinero para arbolitos de navidad, se montaban este tipo de tallos y se cubrían de un tipo de jabón en escamas, para que luciera como nevado...

El mayor atractivo de ese lugar eran sus casas antiguas y señoriales, que hablaban de sus buenos tiempos pasados e invitaban a ver con curiosidad su interior, a través de las amplias ventanas vidriadas. Sus muros de piedra frente al mar, estaban recubiertos de espejos enmarcados artísticamente, y que parecían venir de siglos remotos para no desentonar. Eran los testigos silenciosos que reflejaban a esa estrecha franja de arena, llena de fogatas encendidas, y en donde me vi transitando extasiada, hasta terminar en ese mar oscuro, en noche de luna llena. Eso le daba ese toque profundo de misterio y calidez, que me recordaron a Salem y pude escribir esto:

Gumusluk

Noche chamánica, extraña
llena de antiguos espejos,
de talismánicos nazares
que penden de los árboles
como una multitud de ojos azules

que se abren vigilantes
para protegernos del mal,
calabazas horadadas
que proyectan figuras móviles
de múltiples colores
y en fuego empeñado en regalarme
un nuevo reflejo,
donde no me reconozco.

Arden las hogueras
y yo junto con ellas,
en este improvisado camino
de aquelarres de arena
que va emanando
pura magia de Salem.

Hago mi conjuro
en noche de luna llena
e invoco una vez más
a la mandrágora dormida
de mis ocultos sueños
que me revelan
mi pasión por la vida
ante esta rara sensación
de haberlo experimentado todo
tal como sucede hoy.

¿Es acaso un deja vu
o el remanente de un recuerdo
ya olvidado?

Luego de más de dos semanas en Bodrum, tomamos un ferry para **Datca,** para pernoctar en el apartamento heredado de su padre, el Sr Natik y a quien también expresé en silencio mi gratitud. Después de ese delicioso paseo en bote, arribamos a este nuevo hogar, en donde el perfume de un frondoso limonero sembrado por él, nos daba la bienvenida.

Datca es un sitio tranquilo, hermoso, lleno de columpios para el disfrute de los adultos, donde se podían dejar las cosas fuera de la casa y marcar en una sombrilla con el nombre de la familia, su espacio reservado junto a la playa, y en donde nadie intentaba siquiera acercarse. Con mercaditos provisionales llamados bazares, de ropa, quesos madurados de Kars, objetos artísticos, una rara sopa en polvo llamada tarhana, hecha de harina de trigo, yogurt, pimientos verdes, tomates y cebollas, fermentadas, secadas y deshidratadas naturalmente, y mermeladas de algarrobo y de ciruelas. Se respiraba lo que era un pueblo, pero dentro de una urbanización sofisticada y ordenada, propicia para el retiro.

Su centro, pequeño y atractivo, se caracterizaba por tiendas especializadas en todos los productos derivados de las almendras: mazapán, aceite, galletas, y de la miel, polen y propóleo. De regreso a casa, almorzamos los sabrosos pinchos de hígado de res con pan árabe, muy característico de la zona.

Las fábricas de aceite de oliva y las vinaterías estaban siempre presentes y fuimos a escoger entre su maravillosa gama de sus productos: aceite de oliva extra virgen, jabones, vinagres de higo, balsámico o granada, colonia de flores de olivo. Con sus vinos, preferimos recreamos admirando su antigua edificación, viñedos y barricas.

Después de esa magnífica semana en Datca, volvimos a Bodrum, para permanecer una semana más. Bodrum es hermoso, no importa la época, y a pesar de que estaba finalizando la temporada de turistas —pues comenzaba el frío de noviembre—, a mí me pareció una estación deliciosa, porque las playas no estaban abarrotadas y el viento fresco invitaba a pasear, gozando a plenitud de la naturaleza. Allí pude disfrutar de dos bodas con música en vivo, al aire libre, en donde bailé cuanto quise, y de una cafetería propiedad de un familiar de Ayhan, muy atrayente, por la forma peculiar de preparar el café en cezve u olla de cobre con mango largo, calentado en un recipiente eléctrico que contenía arena (aunque el original se hace con el calor del sol pero obviamente, tarde más). Una vez visto el hervor, se espera que repose unos minutos y se agrega a la taza. Lo interesante es que este señor tuvo el ingenio de servirlo conjuntamente con 3 pequeños recipientes adicionales: el primero, con una especie de pasta algo gomosa, dulce y refrescante llamada masilla de Chíos, una resina natural deliciosa que expele el tronco y las ramas del abeto y que favorece la salud bucal y estomacal, traídas desde esa isla griega. El segundo recipiente venía con una fruta seca y el tercero, era un dedal de licor. Había que tomarlo en ese orden, entre uno y otro sorbo de café turco y el resultado era excelente.

Emprendimos el viaje de regreso a Konya. Ya me quedaban un poco más de dos semanas para volver a mi país, por lo que contacté de nuevo con mi amiga Suha, que vivía en Holanda, para planear el viaje pospuesto para Armenia, pero estalló casi de inmediato, un conflicto con Azerbayán, por lo que decidimos cambiar de destino, a Jordania. De nuevo, se interpuso otro evento más serio, el sangriento exterminio de palestinos por parte de los sionistas de Israel, para seguir despojándolos a la fuerza de sus tierras, destruyendo a la par, toda su infraestructura de carreteras, hospitales, universidades, sitios históricos y pare de contar, con el fin de hacerlo inhabitable. Para cumplir su monstruoso propósito a cabalidad, escogieron matar, a mujeres y bebés indefensos, atacándolos con bombas "prohibidas" de fósforo blanco, y armamento de todo tipo proporcionado por USA, mientras el resto del mundo se hacía el desentendido. Este horror se fue extendiendo por todos los países limítrofes que fueron afectados no siempre de manera directa, pero sí, muy sensible y peligrosa. Dadas las circunstancias tan riesgosas, ya dos veces postergado los viajes a esa zonas aledañas por causas ajenas a nuestra voluntad, decidimos suspender definitivamente el viaje. No nos veíamos desde hacía 4 años, por lo que me invitó a compartir su día a día y conocer a Holanda, país afable y hermoso, donde pasé una inolvidable semana.

Retorné de nuevo a Konya para estar mi última semana, y recibí otra invitación para quedarme en casa de mi amiga, la Profesora Nilgun, a quien conocí en el tour al cual hice referencia hacia el SE de Turquía, que si recuerdan, fue mi apoyo, traduciéndome al inglés lo que decía el guía y mis compañeros de viaje, y la que me llevó casi a rastras, a la boda de su sobrina. Pasé unos días muy agradables, con ella y su esposo Yalcin, y nos reunimos con otras compañeras del mismo tour, que ambas conocíamos.

No podía faltar la lectura de los posos del café turco en taza blanca por segunda vez. La cafeomancia o taseografía es un arte milenario que viene de Armenia, que usa las manchas de la borra del café al voltear la taza, para leer el pasado, presente y futuro. Todo un arte! Espero que esta vez, se cumplan sus predicciones.

Mi amiga me regaló un tesbih de cuentas de nácar, otro de madera de 33 cuentas —el más pequeño de mi colección— y un marca libros hecho con la técnica Ebru o arte de pintar sobre agua, que da una apariencia marmoleada muy llamativa.

Coincidí entonces, con la celebración de los 100 años de la fundación de la República de Turquía por su primer Presidente, Mustafá Kemal Ataturk, que gobernó desde el 29 de octubre de 1923 al 10 de noviembre de 1938, día de su muerte.

No puedo pasar por alto y dejar de hablar de este excelso personaje que fue y sigue siendo, Mustafa Kemal Atatûrk (1881-1938) reformista que convirtió a Turquía en un país laico, moderno, después que fue abolido el califato en 1924. Hasta ese año, sultanes otomanos eran la voz cantante y el poder máximo de la fe islámica. Se clausuraron las madrasas o escuelas teológicas islámicas y la sharia o ley islámica, fue sustituida por un código civil, penal y de comercio al estilo europeo. Le dio poder a las mujeres, les permitió votar, prohibió el uso de velos, promovió el uso de la ropa occidental, y las integró al mercado de trabajo. Reemplazó la escritura árabe por el alfabeto latino el cual se convirtió en obligatorio aprenderlo, se retomó la figura humana en el arte e hizo hincapié en la creación de este tipo de escuelas para los niños. Es un personaje amado y odiado por muchos y que lamentablemente, es poco conocido en otros países.

Toda Turquía se vistió de rojo, y la gente emocionada desplegó miles de banderas turcas desde sus carros y balcones, se exhibieron fotos de Ataturk, se celebraron fiestas en su honor en hoteles, se repartieron banderines, rosas y dulces, se hicieron algunos actos gubernamentales televisados y ofrendas florares en las plazas. Era una ola de emoción que conmocionó todo el país y a los que estábamos de visita, sin caer en el fanatismo o la idolatría.

Fuimos a conocer el "Valle de las Mariposas", parque que posee un jardín tropical grande, con 45 tipos de estos insectos traídos de varias partes del mundo, que volaban libres dentro de ese espacio por donde transitan los visitantes, entre una gran variedad de plantas pertenecientes a este ambiente, con temperatura de 26 º y un alto grado de humedad, controladas para todo el año, independientemente de la estación.

Quise despedirme de Rumi para agradecerle toda esa motivación poética que siempre me daba, encomendándole una vez más, mi inspiración, para que siempre viniera a mí como la de él, de manera espontánea, sólo desde El Absoluto y del corazón, como en realidad se produce la verdadera poesía.

Al salir de allí, desee comprar algo de su literatura, y fui a una librería de textos religiosos para preguntar por alguno de sus libros en español mientras curioseaba unos palitos de madera llamados miswak, de las raíces y ramas del arbusto Salvadora pérsica, que sirven como cepillo para limpiar los dientes a medida que se va mordiendo. Posee propiedades anti bacterianas que impiden la formación de placa en los dientes y su uso fue recomendado por Mahoma. Se cree ha sido utilizado por más de 7 mil años en áreas habitadas por musulmanes.

El dueño me dijo que lo esperara pues iba a ver si tenía algo en mi idioma. Encontró "Lágrimas del Corazón", de Osman Nuri Topbas y lo puso en mis manos, diciendo: te lo regalo, no tienes que darme dinero. Esta fue una señal del cielo, y aunque me daba vergüenza aceptarlo, lo hice porque sentí que me lo daba de corazón. Agradecí mucho por ese obsequio tan valioso e inesperado.

Seguimos caminando y entré a una tienda de cojines, y el dueño no dejaba de mirarme. Decía que mi rostro emitía una energía especial y nos invitó a tomar té. Le compré unos bellos forros bordados y terminó regalándome un pañito tejido a mano por su hermana. Mi amiga estaba atónita y yo tampoco entendía que estaba pasando, pero concluí que fue mi amado Rumi que los enviaba.

Una vez concluidas las compras y arregladas las maletas, pude retornar a Venezuela, con sentimientos encontrados entre el querer quedarme en Turquía y a la vez, volver a mi amada tierra... Sólo el tiempo y el destino sabrán si volveré o si esta será mi última vez...

Debo agradecer infinitamente el don otorgado de la escritura, en donde he tenido el privilegio de ser escogida como un luminoso puente de palabras, entre ese plano Superior y yo, y transmitirlo a ustedes, desde esa parte profunda y auténtica, que habita en cada uno de nosotros, aquel que llamamos SER.

El hecho de viajar sola significó mi primera gran meta cumplida, y el decidirme a escribir este relato primogénito de viajes por Asia y algo de África, ha sido otra de mis grandes experiencias. En este ejercicio mental y de corazón, no sólo he podido recordar los tantos lugares maravillosos que he visitado en todos estos años, personas que conocí y que me dieron lo mejor de sí, situaciones agradables y desagradables en donde las disfruté o aprendí, así como ese cúmulo de costumbres y cosas nuevas, que me han enriquecido y transformado de manera definitiva.

Pude encontrarme a mí misma, saber cuánto valgo, de qué soy capaz y poder al fin, sentirme merecedora de lo mejor, una vez que me he aprobado tal cual soy. Descubrí que la mejor compañía somos nosotros mismos, aceptando, agradeciendo y siendo feliz con lo que tenemos en el momento presente, —que es muchísimo, pero que no nos damos cuenta—, sin la idea errónea de creernos "conformista" por ello. Para obtener un cambio de vida, se tiene que trabajar arduamente y sufrir inevitablemente en el proceso, comenzando de adentro hacia afuera, rompiendo paradigmas y creencias, pisando descalzos los carbones calientes y poder dar ese salto para burlar el cerco de nuestra zona confortable y cotidiana, que nos hace sentir a salvo, pero también temerosos y sedentarios.

Concienticé que sí se puede lograr lo que queremos por nosotros mismos, si nos lo proponemos de verdad, con constancia, convencimiento y disciplina". Sólo hay que darle un voto de confianza a ese "YO SOY", acompañado del "YO QUIERO Y DEL YO PUEDO". Esto nos hace comenzar a ver la vida desde un ángulo diferente, ponernos en el lugar del otro y dar lo mejor de sí en todo, por más insignificante que parezca. Es aprender a olvidar el pasado y no hacer proyecciones para el futuro, sino vivir el día a día, con la mayor intensidad posible, afrontando lo que nos toca experimentar, sin quejarnos ni juzgar, sólo tratando de descifrar cuál es nuestra lección y asimilarla.

Es tener la firme convicción que no sólo vinimos a satisfacer los caprichos de nuestro cuerpo o pensamientos, sino que existe algo más, que hay que cultivar en el cuidado diario de lo que hablamos y de cuán gentil somos con nosotros mismos y con los demás. Es respetar toda forma de vida y de no vida, porque todo es energía. Somos parte del Cosmos y estamos hechos de su mismo "polvo de estrellas". Todo tiene una razón de ser, nada es inútil o innecesario. Todos los que habitamos este planeta somos UNO. Y todo repercute en nosotros, por más lejano que suceda, ya que siempre nuestras buenas o malas acciones tarde o temprano, se nos devuelven multiplicadas. También es cierto, que hay que aprovechar la vida sin aprovecharse de la naturaleza ni de quienes nos rodean.

La espiritualidad es de suma relevancia, pero no como un simple acto litúrgico, sino como una forma de vida, donde haya una sola línea entre el pensar, sentir, hablar y actuar. No es nada fácil proponerse a cambiar, pero vale la pena. Espero que este libro sirva de semillita para considerar en la posibilidad cierta, que pueden haber otros caminos diferentes al conocido y que si nos atrevemos, los podremos transitar.

ÍNDICE

Introducción 9

España (1995-1997).....................................15

Turquía. 1ᵉʳ viaje (1996) 32

Marruecos (1997).......................................48

Indonesia (1997) 59

India y Nepal (1999) 71

Nepal (1999)...84

Grecia (2006) 99

Turquía. 2º viaje (2006) 105

Tailandia, Vietnam y Camboya (2007) 109

China (2008) 133

Turquía. 3ᵉʳ viaje (2018) 141

Turquía. 4ᵗᵒ viaje (2023) 175